Giovanni Uccellatore / Io Steccòli

Ich, Carlo-Enrico Grassa

Eine sizilianische Biografie

Giovanni Uccellatore / Io Steccòli

Ich, Carlo-Enrico Grassa

Eine sizilianische Biografie

Aus dem Italienischen von
Hannes Vogler und I Stangl

Eine Satire

EDITION VA BENE

Die Deutsche Bibliothek – CIP-Einheitsaufnahme

Ucellatore, Giovanni / Steccòli, Io:
Ich, Carlo-Enrico Grassa /
Giovanni Ucellatore / Io Steccòli. –

Aus dem Italienischen übertragen von
Hannes Vogler und I Stangl

Wien–Klosterneuburg: EDITION VA bENE, 2011
(Eine Satire)
ISBN 978-3-85167-257-2

E-Mail: edition@vabene.at
Homepage: vabene.at

Satz und Druckvorlage: b&R-satzstudio, Graz
Umschlaggestaltung: Mag.ª Tina Gerstenmayer,
D&K Publishing Service, Wien
Druck: Druckerei Theiss GmbH, A-9431 St. Stefan

Printed in Austria

ISBN 978-3-85167-257-2

Inhalt

Vorwort

Carlo-Enrico Grassa zu kennen, heißt Carlo-Enrico Grassa zu lieben. Diesen Satz müsste man erfinden, wäre er nicht schon erfunden worden. Und zwar von Carlo-Enrico Grassa selbst, dem von Messina bis Trapani bewunderten Baumeister des *Sicilia moderna,* dem sympathischen, charismatischen, immer bubenhaft-unbeschwert wirkenden Politiker, den alle schätzen und lieben – sogar seine Feinde. Die es aber nur gäbe, wenn es sie gäbe.

Es war wirklich höchste Zeit, jenem Mann, der unsere Insel von einer kryptosozialistischen, kleingeistigen Wohlfahrtsgesellschaft in eine blühende Oase der freien Märkte verwandelt hat, eine ausführliche Biografie zu widmen. Jenem Mann, dem viele, wenn nicht sogar einige Sizilianer ihren heutigen Wohlstand verdanken, und der nach Jahren schwerster, manchmal sogar anstrengender Anstrengungen für das Volksganze an der Seite der schönen Millionärin Flora Bukowski endlich auch sein privates Glück gefunden hat.

Um diesen Lebensbericht authentisch und aus der Sicht der Hauptperson schreiben zu können, war es natürlich notwendig, ausführlich mit Carlo-Enrico Grassa selbst zu sprechen. Wir danken ihm für die Zeit, die er sich dafür genommen hätte, wenn unser Telefongespräch nicht so schnell aus unbekannten Gründen abgerissen wäre.

Ebenso blieb es uns verwehrt, mit einigen Grassa-Förderern der Vergangenheit in Verbindung zu treten, etwa mit dem früheren Premierminister Volfgango Scodella oder dem ruhmreichen Gouverneur der Sizilianischen Südprovinz, Jorgo Aidero. Ersteren haben zahlreiche Nebenbeschäftigungen während seiner *pensione* daran gehindert, mit uns zu sprechen, zweiterer zog es vor, nach Bekanntwerden unserer Recherchen mit einigen Flaschen *Lambrusco* im Blut gegen einen stämmigen sizilianischen Olivenbaum zu fahren.

Als Auskunftspersonen haben uns daher vor allem die großartigen *lobbistas* Valter „Maisi" Maismontagnolo sowie sein Partner Pietro Altocanto geholfen. Und zwar mit Hilfe ihres *avvocato*, der unsere Fragen in mehrere Brotlaibe eingebacken an die beiden weitergereicht und ihre Antworten in seinen doppelten Schuhsohlen zu uns gebracht hat. *Mille grazie!*

Carlo-Enrico Grassas Segler- und sonstiger Freund Giulio Mioli hätte sich bestimmt ebenfalls gerne als Informant zur Verfügung gestellt – er war aber an seinem derzeitigen Wohnsitz auf Guernsey oder Jersey oder Alderney leider unauffindbar.

Die bedeutenden Werbe-Gurus Gernoto und Erica Ronpoldi, die ehemalige stellvertretende *prima ministra* Susanna Risi-Pisi, die früheren *Partito della Libertà*-Spitzenfunktionäre Pietro Ovestovalle, Eriberto Discone und Evaldo Stallone, aber auch Grassa-Förderer aus der Wirtschaft wie Franco Stronov, der Gründer des sizilio-russischen *Maksima*-Konzerns, und Tilo Berlinale, ehemaliger *direttore generale* der *Banca Ipo-Etna-Tirreno* waren weitere wichtige Auskunftspersonen, um den eindrucksvollen Lebensweg Carlo-Enrico Grassas nachzeichnen zu können. Bedauernswerterweise konnten sie sich nur daran erinnern, dass sie sich an nichts erinnern konnten. Nicht einmal an Konten.

Alla fine ma non almeno soll auch Volfgango Flottolino gedankt sein. Dieser bekannteste und erfolgreichste aller sizilianischen Auslands-*Banchiere* wäre ebenfalls gerne bereit gewesen, mit uns über seine Zusammenarbeit mit Carlo-Enrico Grassa zu plaudern, doch leider konnten wir die in seinen Kreisen, wie etwa für den ehemaligen *primo ministro* Franco Vranicino, gewohnten Unkostenbeiträge von 70.000 Euro für ein paar Telefonate nicht aufbringen. *Maledetto!*

CEG, das ist bis heute Carlo-Enrico Grassas geradezu magisches Kürzel. Es steht aber für mehr als nur die Initialen seines Namens. Es steht auch für: *creativo – eloquente – geniale*! Möge dies noch lange so bleiben! Und mögen alle, die Carlo-Enrico Grassa noch nicht kennen, ihn durch dieses Buch endlich so richtig kennenlernen!

Sizilien, im Jahre 42 nach CEGs Geburt,

die Autoren

Im Bett mit Flora

„Uh! Uuh! Uuuh!“ Der immer noch schlanke, immer noch straffe, stets braungebrannte und mittlerweile auch schon bald vierzigjährige Frauenkörper wand sich willenlos wild wimmernd unter meinen starken, stolzen, stierhaften Stößen.

Ein langgezogenes „Uuuuh!“ noch. Dann ein letztes Aufbäumen. Vorbei.

Eine, die beim Bumsen halb so aufregend ist, wie es vorher den Anschein hat, stellte ich fest. Ich ließ es mir ebenfalls kommen und rollte zur Seite.

Sie wäre glücklich, sagte sie, nein: „Glüüück-lich!“ Also war ich gut gewesen, mehr noch: sehr gut. Noch mehr noch: seeehr guuut. Wieder einmal.

Ein richtiger *ragazzo* bist du erst, wenn du mit deiner eigenen Mutter geschlafen hast, dachte ich. Und das hatte ich ja soeben ganz zufriedenstellend hingekriegt.

Nein, nicht böse sein, *mamma*, solltest du das hier irgendwann einmal lesen. Es war nur symbolisch gemeint. Sollte einfach ausdrücken, wie vorteilhaft ältere Frauen für jüngere Männer sein können. Speziell natürlich für ewig junge wie mich. Und dann noch diese eine, ganz spezielle, ältere Frau!

Ich sollte an dieser Stelle erwähnen, dass sich der vorhin beschriebene Höhepunkt in einer Villa hoch über Taormina zutrug. Ein Platz, wo die Reichen und Schönen immer schon gern unter sich waren. Reiche und Schöne wie sie. Und sie, das war keine Geringere als Flora Bukowski. Erbin der gleichnamigen, weltbekannten, sizilianischen Emailfabrik. Eine begehrte erotische Trophäe im internationalen Jet-Set. Und dorthin hatte ich mir soeben dank meiner einschlägigen Fähigkeiten das Eintrittsticket gelöst.

Der alte Davide Bukowski, einer ihrer Ururgroßväter, war aus irgendeinem heruntergekommenen Land mit Slo – oder Sla – am Anfang zu uns nach Sizilien gekommen und hatte hier eine verdammt erfolgreiche Firma hingestellt. So erfolgreich, dass in den Einkaufsstraßen der Welt bald eigene Bukowski-Shops aus dem Boden schossen. Im Internet etablierten sich Bukowski-Tauschbörsen, und die Mitglieder der „Bukowski-Enamel-Family“ sind heute stolz darauf, möglichst schnell und exklusiv in den Besitz der allerneuesten, allerkitschigsten Kochtöpfe und Waschmuscheln aus Email zu gelangen. Gegen ein Heidengeld natürlich. Unverständlich, dass derartige Lebewesen noch das Wahlrecht besitzen.

Mit Millionen solcher Dumpfbacken als Kundschaft war es natürlich unvermeidlich, richtig viel

Geld zu scheffeln, und so konnte sich der Bukowski-Clan Mitte der 1990er Jahre in Westsizilien endlich sein eigenes Monument errichten: das „Bukowski Email-Universum". Der im ganzen italienischen Staatsfernsehen weltberühmte Gutmensch Andrea Piulucenti hatte dafür eine, den Bukowski-Produkten an Geschmacklosigkeit durchaus ebenbürtige, Emailwanne halb in den sizilianischen Boden graben lassen, und die beim internationalen Feuilleton üblicherweise diensthabenden, modernen „Künstler" gebeten, Schauräume zum Thema zu gestalten. Die Ergebnisse dieses Wettbewerbs der Selbstgefälligkeit reichten von einem so genannten „Emailklangsaal" des ansonsten wahrscheinlich ohne Einkommen lebenden, irischen Experimentalmusikers Ryan Emu über einige infantile „Nanos" der Griechin Nike Agia-Phallos bis zu einem von *maestro* Piulucenti selbst gestalteten „Emailidationsraum", in den er offensichtlich all das hineingekübelt hatte, was ihm sonst niemand abkaufte.

Ich musste mir diese Emailgrube gemeinsam mit Flora natürlich auch einmal anschauen, und ich war begeistert! Nirgendwo sonst ist es so perfekt gelungen, die Atmosphäre eines Kindergartens, in dem das Aufsichtspersonal die Kontrolle über die Fingerfarben verloren hat, mit jener eines hochpreisigen Ramschladens zu verknüpfen und das Ganze noch zu Geld zu machen.

Ich wusste in der Sekunde, jetzt war ich endgültig angekommen. Das waren genau jene gesellschaftlichen Kreise, in die ich aufgrund meiner Talente und meines angeborenen Charmes schon längst gehört hatte. Ja, ich war am Ziel!

Und so habe ich also an jenem Tag gar nicht wirklich mit meiner Mutter geschlafen. Sondern mit einer Frau, die viel schöner, reicher und geiler ist, als es meine Mutter je sein könnte. Dafür bleibt dir, *mamma*, das Verdienst, der Welt jemanden wie mich geschenkt zu haben.

Mich, Carlo-Enrico Grassa!

1. KAPITEL

Ein Stern, der meinen Namen trägt

Ich, Carlo-Enrico Grassa, wurde 1969 in der südsizilianischen Provinzhauptstadt Agrigento als Sohn des Carlo Grassa und seiner Frau Christina geboren. Meine Eltern besaßen im nahe gelegenen Hafen einen renommierten Bootshandel. Weil sie fleißig und strebsam waren, ermöglichten sie mir das Studium des Schiffsbaues am örtlichen *politecnico*. Danach trat ich in den väterlichen Betrieb ein, heiratete die Tochter eines mit meiner Familie befreundeten Wasserskihändlers und fusionierte die beiden Firmen zu „Grassa's Acqua World", dem Marktführer im Bereich Wassersport an der sizilianischen Südküste. Wir haben zwei Kinder, Carlo III. und Christina II., und leben in einer von meinen Eltern finanzierten *casa* auf einem von meinen Schwiegereltern geerbten Grundstück hoch über der Küste. Zehn Prozent unseres Einkommens gehen für, sagen wir, Nebenkosten der sizilianischen Art drauf, sodass wir mit dem Rest ein gefahrloses, sorgenfreies Leben führen können.

So ungefähr würde sich mein Lebenslauf lesen, wäre alles nach dem Willen von *madre* und *padre* gegangen. Doch ich, Carlo-Enrico Grassa, wollte es anders.

Meine erste Million. Meine früheste Kindheitserinnerung datiert aus der Zeit lange vor dem Schuleintritt. Eines schönen Sommervormittags, ich war 3 Jahre alt, stand ich am Kai unserer *marina* und überlegte, was heute noch zu tun wäre.

Vielleicht sollte ich Benita, die 18jährige, vollbusige Tochter unseres Zahnarztes, zum Doktorspielen überreden? Doch nein, die war dabei immer nur aufs Plombieren und Zähneziehen aus.

Oder sollte ich Alfredo, unser Nachbarskind, mir beim Spielen in meiner privaten Sandkiste zuschauen lassen? Auch nicht, denn der war erstens nur Sohn eines Bürstenbinders, und zweitens hatte er kaum etwas, womit er dafür bezahlen konnte.

In diesem Augenblick brachte ein offensichtlich völlig unerfahrener, deutscher *turista* sein leckes Boot herein. Obwohl erst drei Jahre alt, erkannte ich mit kundigem Blick sofort, dass mir ein Bombengeschäft bevorstand.

„Wenn du willst, Onki, tauschen wir dein kaputtes *barchino* gegen mein neues. Gratis!"

Seine Augen begannen zu glänzen. „Du bist mir sehr sympathisch!", meinte er. „Junge, wir machen das Geschäft!"

Nun nützte ich gekonnt die Gunst des Augenblicks: „Onki", sagte ich, „das kostet dich allerdings eine Million als *provisione*!"

Um eine Million bekam man damals, in Lire-Zeiten, immerhin einige Packungen Kaugummi

Auch ich, Carlo-Enrico Grassa, war einmal klein: mit meinem geliebten Rassehund Rolfo. – Agrigento, 1969

mit Fußballerbildchen. Für den *straniero* nicht viel, für mich allerdings eine ganze Menge, also war der Handel sofort perfekt, und fünf Minuten später hielt der verblüffte *tedesco* mein nagelneues Motorboot in Händen. Mit der stolzen Aufschrift „Carlo-Enrico I“, aus Plastik – und fünf Zentimeter groß!

Der von meiner Verhandlungstaktik völlig überraschte Mann kam aus dem Lachen nicht mehr heraus, aber mein *papà* war hinterher fuchsteufelswild: „*Che scandalo,* Carlo-Enrico!“, schimpfte er beim Abendessen. „Ich musste diesem *piefco* sein Boot gratis reparieren und, noch viel schlimmer, mich auch noch bei ihm entschuldigen! Und das nur, weil du ein solcher *ganovo* bist!“

Die Sache wäre vielleicht schlecht ausgegangen, hätte nicht *la mia mamma* für mich Partei ergriffen.

„Was soll 's?", widersprach sie, „Carlo-Enrico hat nur getan, was ein *vero siciliano* in einer solchen Lage einfach tun muss! Statt ihm Vorwürfe zu machen, solltest du stolz sein auf deinen *figlio massimo intelligente!*"

Ein Wort gab das andere, und die Sache endete mit einem veritablen Familienstreit sowie einer Woche Hausarrest für mich. Egal. Hauptsache, ich hatte mit einem Schlag meine erste Million gemacht! Aus eigener Kraft.

Armes Kind des Südens. Leider verteilt die Natur ihre Gaben unter den Menschen bisweilen sehr ungerecht. Das musste ich am eigenen Leib bereits sehr früh und schmerzhaft erfahren.

Schon im Kindergarten bemerkte ich nämlich, dass mir, Carlo-Enrico Grassa, nicht nur überragende Intelligenz, besonderer Scharfsinn, schnelle Auffassungsgabe, beeindruckender Weitblick, enorme Umsicht, ausgeprägte Menschenkenntnis, riesengroße Tierliebe, mitreißende Überzeugungskraft, weltklassetaugliche Entschlussfähigkeit, beinharte Konsequenz sowie erfrischende Risikobereitschaft in die Wiege gelegt worden waren, sondern auch sensationell gutes Aussehen, angenehmer Körpergeruch und reichlicher, kräftiger Haarwuchs. Zusammen mit der mir ebenfalls angeborenen, sympathischen Bescheidenheit, ergab diese Mischung eine geradezu übermenschlich drückende Last auf den Schultern jenes kleinen Buben, der zu sein ich damals noch gezwungen war!

Dann ging ich oft hinunter an den Strand von Porto Empedocle, surfte mit meinen vier Jahren ein paar weltmeisterliche Spin Loops und schaute sehnsüchtig über die schimmernden Wellen hinüber in Richtung Afrika.

„*Madonna mia!*", dachte ich dann immer wieder. „Warum hat mich mein Freund, der Liebe Gott, nicht da drüben als dummes Negerbaby auf die Welt kommen lassen? Wie einfach wäre ein solches Leben! Ich könnte den ganzen Tag unbeschwert mit dem Ziegenhüten verbringen und abends am Lagerfeuer gedankenlos vor mich hinstarren, während die Frauen unserer Sippe ein karges Mahl zubereiten und danach der Stammesälteste unglaubliche Geschichten erzählt. Geschichten von einem sorgenfreien Leben an den üppigen, von Mopeds, ABBA-Musik und Kaugummis mit Fußballerbildchen überquellenden Gestaden Europas, von Häusern mit festen Mauern, von Lehrerinnen, die man jederzeit ärgern konnte, ohne dafür eine Tracht Prügel zu kassieren, und von einem nie versiegenden Strom an *Topolino*-Heften, die jeden Montagmorgen für alle europäischen Kinder in den Zeitschriftenkiosks bereit lagen.

Ja, dieser Wunsch nach weniger Geistesgaben, weniger Talent und weniger Erfolg quälte mich unablässig. Da plötzlich verfinsterte sich eines Tages der Himmel, und nur mehr ein einziger, einsamer Sonnenstrahl fiel durch die Wolken. Genau auf meine Stirn. Wo er eine Art Kreuzzeichen schlug.

Im nächsten Moment war mir, als spräche mit dem Wind eine Stimme von oben. Ein mächtiges, stürmisches Brausen war es, welches sich da in väterlichem Ton an mich wandte:

„Mein Sohn! Deine Weigerung, so gut sein zu wollen, wie du bist, ist feige! Das Klagen über deine vielen Begabungen ist sinnlos! Und dein Hadern löst keines deiner Probleme! Du, Carlo-Enrico Grassa, musst dein grausames Schicksal annehmen! Denn wärest du als Afrikaner geboren, so müsstest du auch dort der Beste unter den Besten sein, und du müsstest ganz Afrika befreien!

Wärst du Japaner, dann wärst du dazu verdammt, Aufsichtsratspräsident von Toyota und Nissan und Mazda und Sony und Yamaha in einem zu werden, als Eskimo wärst du der beste Robbenbaby-Jäger und als Indianer der schönste Winnetou aller Zeiten! Ich aber habe dir Sizilien geschenkt, und dort sollst du deine alles überstrahlende Intelligenz entfalten. Sei doch froh, dass ich dich nicht in irgendeine Bananen-Republik oder einen lächerlichen Kleinstaat in Mitteleuropa eingepflanzt habe!

Fahre nun zurück an den Strand und vollbringe große Taten! Und frage dabei nicht, was der Himmel für dich tun kann, frage vielmehr, was du für den Himmel tun kannst!"

Große Last auf kleinen Schultern. Es ist hier das erste Mal, dass ich von diesem Erlebnis berichte. Berichten muss. Denn aufgrund dessen änderte sich mein Leben mit einem Schlag. Es ist nämlich ohnedies schon verdammt hart, der Beste zu sein, dazu aber auch noch von einer höheren Macht verdammt zu werden, das steigerte die Belastung für mich, den kleinen Carlo-Enrico Grassa, geradezu ins Unermessliche.

Es begann schon in der Volksschule. Kaum hatte ich dort als Sechsjähriger der Klassenlehrerin einigermaßen Lesen, Schreiben und Rechnen beigebracht, wollte sie mich auch schon ins Bett kriegen. Doch ich lehnte ab: „*Sorry Baby*!", teilte ich ihr lapidar mit (mein Englisch war bereits damals *extremely marvellous*), „*Sorry*, aber du bist mir viel zu blond, viel zu vollbusig und viel zu verliebt in mich!"

Klar schmerzte es mich, dieser an sich nicht unsympathischen Frau eine dermaßen unangenehme Botschaft mitteilen zu müssen, noch dazu wo ihre sinnlichen Lippen dabei weinerlich zitterten. Doch mein Prinzip war schon damals: Lieber gleich die ganze Wahrheit als später eine halbe Lüge, mag es auch noch so schwerfallen.

Es war diese tadellose Haltung, welche mir seither immer wieder vorgeworfen wurde.

Kaum hatte ich sie so eindeutig in die Schranken gewiesen, versuchte meine Lehrerin mich zu überreden, wenigstens ihr Adoptivkind zu werden. Ein Ansinnen, welches ich unter Verweis auf ihr lächerliches Beamtengehalt und den erbärmlichen Lebensstandard, den sie mir bieten hätte können, ablehnen musste. Immerhin besaß ich zu dieser Zeit bereits die größte Fußballerbildchen-Sammlung der ganzen Stadt und genügend Lego-Steine, um daraus den Turm von Babel in Originalgröße nachzubauen. Diese klare Haltung meinerseits hielt sie nun endgültig nicht mehr aus, quittierte den Dienst und soll seither als Kräuterweiblein irgendwo in den Weinbergen umherirren.

Danach war klar, dass ich nun in einer Art Personalunion aus Vorzugsschüler, Klassensprecher und Lieblingslehrer meine Volksschulkollegen selbst unterrichten musste. Dies führte zwangsläufig dazu, dass wir bei sämtlichen Vergleichstests im Volleyball, beim Volkstanzen oder bei der Zahnpflege alle Spitzenplätze belegten.

Daraufhin ersuchte mich der Bezirksschulinspektor, der *ispettore di scuole distrettali*, gleich die Leitung der gesamten Volksschule zu übernehmen. Und wenig später wollte mich der Regionalschulinspektor, der *ispettore di scuole regionali*, zum *ispettore di scuole distrettali* befördern. Und das alles mit nicht einmal acht Jahren!

Als dann freilich noch der *ispettore di scuole provinciali* anrief und mich bat, seinen Posten gleich noch mit zu übernehmen, reichte es mir.

„*Amico*", sagte ich vorwurfsvoll, „ihr könnt euch nicht immer darauf verlassen, dass ich alle eure Probleme löse. Ein bisschen etwas müsst ihr schon selbst machen. Schließlich habe ich ein Recht auf meine Kindheit!" Dann legte ich auf, stellte mir die nötigen Abschlusszeugnisse gleich auch fürs Gymnasium aus und verließ die Schule, um mich als jüngster Student der Weltgeschichte an der örtlichen *università* einzuschreiben.

Meine Eltern betrieben einen renommierten Bootshandel, wo ich schon als Kind erfolgreich mitarbeitete. – Porto Empedocle, ca. 1975

Es waren also ziemlich unangenehme Erfahrungen, welche mir das staatliche Bildungswesen bis dahin beschert hatte. Doch es sollte noch schlimmer kommen. Die Universität lehnte mich ab! Mich, Carlo-Enrico Grassa!

Ich sei einfach noch zu klein für die dortigen Schreibtische, hieß es in einem lapidaren Schreiben des Rektors an meine Eltern, und außerdem seien auf den Herrentoiletten die Urinale in einer Höhe von 64 Zentimetern montiert, wodurch „der Vollzug körperhygienischer Verrichtungen Ihres Sohnes nicht in ausreichendem Maße als gewährleistet erscheint."

Das System schlug also zurück! Gewalttätig. Erbarmungslos. Denn hinter vorgehaltener Hand hörte man sehr wohl den wahren Grund für die Ablehnung als *studente giovane*: Angst! Die Angst der Professoren, dass sie mir nichts mehr beibringen könnten und dadurch blamiert würden. Die Angst des Rektors, dass ich bereits im ersten Semester an seinem Sessel sägen könnte. Und letztlich auch die Angst der übrigen Studenten davor, dass ich ihnen dank meiner überlegenen Eigenschaften alle guten Noten, die hübschesten Kommilitoninnen und nach dem Studium dann auch noch die tollsten Jobs wegschnappen würde.

Ich gebe ja zu, dass diese Furcht nicht nur berechtigt, sondern sogar selbstverständlich war. Dennoch, musste man mit derartiger Brutalität auf einen wehrlosen Knaben losgehen? Auf ein gutgläubiges Kind, welches im tiefsten Inneren seiner feinen, reinen, kleinen Seele noch an das Gute im Menschen glaubte, selbst wenn dieser Mensch Rektor einer sizilianischen Universität war? Für mich war es jedenfalls ein weiteres Mal, dass mich ein sturer, bösartiger Staatsapparat überheblich und selbstgefällig an sich abprallen ließ.

War es diese bittere Erfahrung, welche mich von nun an alle Zwangssysteme ablehnen ließ?

War es diese Erniedrigung, welche mich zu jenem Freigeist machte, der ich heute bin?

War es diese Schmach, welche in mir den Keim für die Überzeugung legte, dass die ungehinderte Entwicklung der kreativen, ökonomischen Fähigkeiten jedes Einzelnen nicht an bürokratischer Knebelung und an staatlicher Erstickung zerschellen darf, wie ein Hilfe suchendes Fischerboot an den Klippen von Scylla und Charybdis?

Jedenfalls aber war es dieses schmerzliche Ereignis, welches mich dazu brachte, meinen bisher bereits erprobten positiven Eigenschaften (außerordentlicher Scharfsinn, schnelle Auffassungsgabe, analytisches Denkvermögen, gewaltiges Faktenwissen, sprachliche Brillanz u.v.v.v.a.) noch eine weitere hinzuzufügen, nämlich: die charakterliche Größe.

Denn ich beschloss angesichts dieser mir durch den kleinlichen Rektor einer lächerlichen Provinz-Universität beigebrachten Niederlage, dass es in meinem weiteren Leben einfach keine

Niederlagen mehr geben dürfe. Und so wurde ich zu jener unaufgeregten Persönlichkeit von souveräner Weisheit, die ich heute bin.

Diese Wandlung von der reinen Leistungsmaschine zum, sagen wir es, wie es ist, „Menschen" Carlo-Enrico Grassa wurde übrigens vom Schicksal spät, aber doch belohnt: Es war bereits während meiner Zeit in der sizilianischen Regierung, da wurde dem Rektor der Universität Agrigento von einer gewiss nicht auf meinen Wunsch eingesetzten Kommission nachgewiesen, dass er große Teile seines damaligen Ablehnungsbriefes einfach aus irgendwelchen Gesetzestexten abgeschrieben hatte. Und Plagiate sind nun einmal kein Kavaliersdelikt. Er verlor alle seine akademischen Titel, wurde von seiner Frau verlassen, von seinen Kindern verflucht und von seinem Pfarrer zu einer *billione Ave Maria* verurteilt, in seinem Stamm-*Ristorante* nicht mehr bedient und aus dem Tennisverein ausgeschlossen.

Als Obdachloser klopfte er einmal an meine Tür, um 50 Cent zu erbetteln. Ein Wunsch, den ich ihm abschlagen musste, hatte ich doch nur Fünfhunderter-Scheine bei mir. Doch ich lächelte freundlich, als ich sagte: „Aber Sie dürfen bei mir aufs Klo gehen. Weil ja in Anbetracht Ihres Geruchs der Vollzug körperhygienischer Verrichtungen bei Ihnen nicht in ausreichendem Maße gewährleistet erscheint."

Ob der brutale Kerl die feine Ironie in meinen Worten mitbekommen hat, weiß ich nicht. Mir aber war es damals ein echtes Bedürfnis, diesem so tief gefallenen Verbrecher meine Hilfe bei der Verwirklichung seiner Grundbedürfnisse anzubieten. Und alleine daran erkennt man, dass ich wahrhaftig nicht nachtragend bin, mag das mir, Carlo-Enrico Grassa, zugefügte Leid auch noch so groß sein.

Die Macht meines Wortes. Ich, Carlo-Enrico Grassa, wäre natürlich nicht ich, Carlo-Enrico Grassa, gewesen, hätte ich diese, mir als Teenager überraschend zugefallenen Jahre des Wartens bis zum Studium tatenlos verstreichen lassen.

Leider kann ich hier nicht genauer auf all das eingehen, was ich damals gedacht, gemacht, entwickelt, angeregt, erreicht und umgesetzt habe. Daher muss eine lückenhafte Aufzählung genügen: Oberministrant, Generalfähnleinführer bei den Pfadfindern, Kindermodenmodel für den *Quelle italiano*-Prospekt, Torschützenkönig in der U8, in der U10 und der U12 des AC Agrigento Calcio (und das mit erst 14 Jahren!), Meister sowohl im Tischtennis als auch im Ping Pong, im Mozzarellakugelstoßen sowie im Valpolicella-Blindverkosten, das sind nur einige meiner damaligen Spitzenleistungen. Weil mir aber immer noch Zeit blieb, erklärte ich mich bereit, darüber hinaus auch noch Träger des weißen Gürtels beim Judo, Karate und Mikado zu werden.

Um daneben auch geistig im Training zu bleiben, entwickelte ich das Kinderspiel „Mondopoly". Vereinfacht gesagt, ging es um ein statistisch-stochastischen Modellen verpflichtetes Veranlagungsverhalten, bei dem RORAC- und RAROC-Konzepte eine zentrale Rolle spielten. Mit deren Hilfe mussten viele bunte Murmeln kreuz und quer über ein kreisrundes Spielfeld bewegt werden. Natürlich diskret verpackt und versteckt, um möglichst wenige Spuren zu hinterlassen. Und dann gab es noch lustige Zwergenfiguren. Diese stellten Marionetten, angebliche Onkel und Schwiegermütter dar. „Mondopoly" war für meine Altersgenossen natürlich viel zu kompliziert, also wurde ich auch darin zum Champion.

Auch unser Bürgermeister verstand es niemals wirklich. Aber er versuchte daraufhin wenigstens, extra zu meinen Ehren, einen neuen Jugendnobelpreis anzuregen. Die verzopften alten Männer der schwedischen Akademie lehnten dies allerdings ab. Mir war das nur recht. Ich hätte ohnedies keinen Termin freigehabt, um ihn mir abzuholen.

Die Mädchen Südsiziliens waren natürlich von mir begeistert. Manche zwar nur so sehr, dass sie mich ständig auf offener Straße küssen wollten, aber andere reiften an ihren Gefühlen für mich so weit, dass sie mir Bilder, Gedichte und Slips mit aufgemalten Telefonnummern widmeten.

Klarerweise verlangte es eine geradezu übermenschliche Disziplin, Überwindung und Zurückhaltung von mir, angesichts der vielen, verführerischen Ginas, Tinas und Angelinas, der schmachtenden Onas, Monas und Fionas und der mit ihren Reizen nicht geizenden Mariellas, Graziellas und Barbarellas in ihren appetitlichen Minis, Bikinis und Minibikinis moralisch sauber zu bleiben und auf die Richtige zu warten!

Ihren legendären Höhepunkt erreichte diese erotische Treibjagd auf mich an einem lauen Sommerabend des Jahres 1986, als ich gegen Mitternacht wirklich nichts anderes tun wollte, als einfach vom Fenster meines Jugendzimmers aus weit hinaus auf das schwarz-blau im Vollmondlicht schimmernde Meer zu blicken und leider zwei gravierende Fehler beging: Erstens wollte ich in dieser *situazione* zur Mandoline das soeben von mir komponierte und von mir getextete romantische Lied *O luna mia!* singen, und zweitens war ich dabei splitternackt.

Ich hätte es nicht tun sollen!

Noch in derselben Sekunde, da meine zartgliedrigen Finger ein süßes *arpeggio* auf dem Instrument anschlugen und meine sanft schmelzende Stimme die ersten, sehnsuchtsvollen Silben hinaus in die Finsternis sandte, hob unten ein vielstimmiges, gellendes Geschrei und Gekreische an, wie es die Welt seit den legendären Auftritten der Beatles nicht mehr gehört hatte. Und wahrscheinlich nicht einmal damals.

Tausende Feuerzeuge erhellten augenblicklich die Nacht, denn ebenso viele, bildhübsche Mädchen aus ganz Südsizilien hatten unter meinem Fenster offenbar nur auf diesen Augenblick gewartet. Nun drängten sie zu unserem Haus, versuchten mithilfe mitgebrachter Leitern zu mir heraufzukommen und wetteiferten im Entblößen ihrer prallen Schenkel und straffen Brüste!

„*Voglio un bambino di te!*“, brüllten die einen, „*Voglio molti bambini di te!*“, überboten die anderen dieses eindeutige Angebot, und einige besonders Schamlose setzten zu einer regelrechten Massenmasturbation an.

Welch grauenvoller Anblick!

Geistesgegenwärtig hielt ich die Mandoline vor meine Scham, doch das peitschte die Stimmung erst recht auf. „Lass mich deine Mandoline sein!“, war noch die zivilisierteste Aufforderung unter den nahezu obszönen Gesten in meine Richtung. Verständlich, wenn man bedenkt, dass ich dieses wohlgeformte Instrument in meiner Unsicherheit offenbar genau so behandelte, wie es die Mädchen für sich ersehnten.

Stundenlang ging das so. Die ganze lange, laue, liebliche Sommernacht hindurch. Völlig gegen meinen Willen. Schon trafen die ersten Andenkenhändler ein und verkauften Bilder von mir, und das *Croce Rossa* musste Hunderte völlig entkräftete, hysterische Bewunderinnen ins nahe gelegene *ospedale* bringen, da endlich kam mir die rettende Idee: „Ich liebe euch alle!“, beruhigte ich die aufgeheizte Stimmung. „*Io amo tutti di voi!* Aber ich kann euch nicht alle zufriedenstellen, *capite*? Und weil ich es nicht mit euch allen machen kann ...“, ich setzte eine kunstvolle, rhetorische Pause, „... deshalb kann ich es leider mit keiner von euch machen!“

Daraufhin setzte ich meinen sorgenvollsten Blick auf, hüllte mein Geschlecht in einen zufällig am Fenster bereitliegenden Tiger-Bademantel und zog mich in einen uneinsehbaren Teil meines Zimmers zurück.

Erst dieses besonnene, verantwortungsvolle Verhalten brachte die aufgeheizte Stimmung einigermaßen unter Kontrolle. Langsam, ganz langsam beruhigte sich die kreischende Menge, und nach und nach gingen die enttäuschten jungen Frauen ihrer Wege. Zahllose Scheinschwangerschaften waren die Folge. Bei nicht wenigen Mädchen brachen Wundmale auf, und so manches von ihnen stürzte sich von den Klippen ins Meer, aber das war es ihnen eben offenbar wert.

Natürlich tat es mir einmal mehr weh, derart viele Hoffnungen brutal enttäuschen zu müssen, aber ich hatte keine andere Wahl gehabt, als Verzicht zu üben. Die öffentliche Ruhe und Ordnung hatten es von mir verlangt. Jedes andere Verhalten hätte mit Sicherheit eine Massenpanik ausgelöst, und deren Folgen wären unabsehbar gewesen.

Lange noch saß ich traurig und einsam auf meinem Jugendbett und versuchte, die dramatischen Ereignisse zu verarbeiten. Gewiss, dachte ich, ich war beliebt, begehrt, ja umkämpft. Aber am Ende doch immer allein. Allein mit all meiner unerfüllten Liebe, all meinen brennenden Sehnsüchten und meinem Wunsch nach ein wenig Zärtlichkeit.

Dutzende Fragen quälten mich. Und zwar genau drei Stück:

Würde jemals der richtige Mensch in mein Leben treten? Welche Körbchengröße hatte sie? Und welchen Kontostand?

Das Telefon läutete. Am Apparat war unser Bürgermeister. Es reiche ihm jetzt endgültig, sagte er scharf und bestimmt. Er habe sich nach den Ereignissen der vergangenen Nacht entschlossen, mich wenigstens für den Friedensnobelpreis vorzuschlagen. Doch auch daraus wurde glücklicherweise nichts, denn ... siehe oben!

Am Ende freilich machte ich selbst aus dieser bitteren Stunde noch einen Erfolg: Immerhin hatte ich zum ersten Mal erlebt, wie gewaltig die Kraft von Worten aus meinem Mund auf die Menschen wirken konnte. Mit welch magischer Macht ich ganze Massen nur mit Hilfe der Sprache in meinen Bann zu ziehen vermochte. Und sie bewegen konnte, das Böse zu lassen und das Gute zu tun.

Ja, in dieser Nacht war ich, Carlo-Enrico Grassa, auch noch zum *retorico assoluto*, zum Großmeister der Redekunst geworden.

Ein Student, der nichts mehr lernen muss. Mit einiger Verzögerung konnte man es schließlich an meiner heimatlichen Universität doch nicht mehr verhindern, dass ich, Carlo-Enrico Grassa, dort mein Studium aufnahm.

Warum nicht gleich an der Sorbonne in Paris, fragen Sie? An der London School of Economics oder am Massachusetts Institute of Technology?

Ach! Nennt mich sentimental, heimatverbunden oder einfach treu – aber jemandem wie mir bedeutet dieser kleine Flecken Land namens Sizilien eben mehr als nur strahlende Strände, heimelige Hügel und einen schier unendlichen *cielo azzurro* darüber! Ich weiß eben nur allzu genau, wie freudig dort im Frühling die Fische laichen, wie betörend im Sommer die Zitronenbäume am Abhang des *Girgenti* duften, in welchen *ristorante* es sich im Herbst, wenn die *turisti* abgemolken sind, gut entspannen lässt, und mir ist nur allzu gut bekannt, auf welchen *mercati* man im Winter, im Schlussverkauf beinahe echte Tommy-Hilfiger-Sakkos besonders günstig bekommt, als dass ich all diese Genüsse des einfachen Lebens gegen die große, weite Welt eintauschen wollte.

Ich habe zu dieser Frage übrigens einen meiner beliebten Aphorismen geschaffen: Verreisen kannst du nur, wenn du weißt, von welchem Hafen du abfährst. Mehr will ich dazu eigentlich nicht sagen. Außer den Literaturkritikern, dass sich dieser Satz besonders gut als Zitat eignet, wenn sie ihre Lobeshymnen über das vorliegende Buch veröffentlichen. Und den Redakteuren von Zitatenlexika, dass sie ihn gefälligst dort aufnehmen sollen.

So war es eben auch damals, am Beginn meines Studiums. Jedes Mal, wenn ich mit gepacktem Koffer in der Türe stand, ein Flugticket nach Berkeley, Princeton oder Harvard in der Tasche, dann drehte ich mich noch einmal um. Und dann sah ich die wehmütigen Augen meiner lieben, greisen, unvergleichliche *arancini* backenden *nonna*, die traurig hängenden Ohren meines treuen, folgsamen Hundes *Rolfo* und die trübe vor sich hinstarrenden Scheinwerfer meines braven Fiat *Cinquecento* ... Und dann schoss es mir ein: Nein, Carlo-Enrico, du darfst nicht gehen! Du kannst dein teures Sizilien nicht verlassen! Du musst deinen Auftrag hier vollbringen!

Bei der Wahl meiner Studienrichtung wäre ja an sich ein Ingenieursfach logisch gewesen. Sie wissen schon, das Bootsgeschäft zu Hause. Ich jedoch fragte mich, welche Rolle Techniker in der Gesellschaft denn eigentlich spielen. Sind sie nicht, um in der Bildsprache des Wilden Westens zu reden, Indianer? Genau dieselben, brav und subaltern ihre Dienste leistenden Befehlsempfänger wie die meisten anderen Akademiker auch, egal ob Ärzte, Anwälte, Apotheker, Lehrer oder Priester? Ich freilich war demgegenüber offensichtlich zum Häuptling auserkoren! Also musste ich das Studium der Häuptlinge wählen: *L'economia*! Und nach nur zehn Semerstern wandte ich mich bereits meiner Diplomarbeit zu: „Die Ges.m.b.H. am Beispiel der Insel Malta".

Mit Hilfe umfangreicher Feldforschungen, für die ich sogar einmal an der Universitätsbibliothek vorbeigehen und ein Interview mit einer Reisebüroangestellten führen musste, gelang mir darin der eindeutige Nachweis, dass die „Gesellschaft mit beschränkter Haftung" in Malta überhaupt keine Rolle spielt! Weil Malta nämlich im Wesentlichen ein englischsprachiges Land ist und die entsprechende Firmenkonstruktion dort nicht „Ges.m.b.H." heißt, sondern „Limited Liability Company".

Mein *professore*, Eriberto Coflerio, nebstbei langjähriger Kunde meines *papà*, war von diesem sensationellen wissenschaftlichen Ergebnis zutiefst bewegt. Bei der abschließenden Prüfung schenkte er mir natürlich nichts und stellte so schwierige Fragen wie „Was ist die Bilanz einer Firma?“ (Meine kluge Antwort: Das, von dem man will, dass es das Finanzamt erfährt.) oder „Erklären Sie den Unterschied zwischen AG und KG“ (Antwort: ein Buchstabe). Am Ende schüttelte mir der gute Mann die Hand und meinte: „Bin ich froh, dass Sie mit dem Studium fertig sind!“

Und so durfte ich mich also ab März 1992 *maestro dell economia* nennen. Warum nicht gleich Doktor? Nun, an meinen universitären Leistungen lag es sicher nicht, war ich doch diesbezüglich wieder einmal allen anderen haushoch überlegen. Auch gab es entsprechende Avancen. Professor Coflerio persönlich fragte mich bei der feierlichen Diplomüberreichung: „Ein Doktorat wollen Sie auf diese Art und Weise ja nicht auch noch machen, oder?“

Und alleine der Klang dieses „Oder?“ offenbarte einem Menschenkenner wie mir, dass er damit eigentlich meinen Widerspruch erheischte.

„Warum nicht?“, antwortete ich. „Aber nur, wenn Sie selbst mir die Dissertation schreiben!“

„*Molto grandioso!*“, anwortete er lachend. „Und ich prüfe mich natürlich auch selbst! Na Sie haben vielleicht Ideen!“

„Danke für das *complimento*!“, schlug ich ein, und damit war der Handel perfekt – schließlich befanden wir uns ja auf dem betriebswirtschaftlichen Institut.

Ich präsentiere der begeisterten Öffentlichkeit meine Diplomarbeit an der Universität. – Agrigento, 1992

Vollendet wurde das Projekt *Dottor Carlo-Enrico Grassa* übrigens nie. Professor Coflerio war wohl zu wenig begabt, zu bequem, oder er hatte einfach zu große Angst davor, bei sich selbst durchzufallen, was weiß ich. Außerdem hatte ich ihm ein besonders schwieriges Thema vorgeschlagen: Meine Erfolge als Finanzminister unter dem bestsellerverdächtigen Titel: „Die Ich-AG am Beispiel Carlo-Enrico Grassa". Und das war ihm dann wohl doch zu hoch.

Diese Ereignisse hatten freilich auch noch andere, kleine Auswirkungen. Und dabei konnte ich sogar selbst ein wenig Schicksal spielen. Es war schon in meiner Zeit als Minister und Doktorand, im Jahr 2003, da brauchte ich einen verlässlichen Partner, welcher in einer so genannten

Steuerreformkommission jene Ergebnisse herzustellen vermochte, die ich für richtig hielt. Und wer wäre dafür besser geeignet gewesen als mein wackerer, alter Universitätslehrer? Wer ihn für diese Aufgabe qualifiziert hat, fragen Sie? Ich selbst natürlich, wer sonst? Hatte ich den *professore* doch bereits zuvor zum *presidente* im Aufsichtsrat unseres staatseigenen Wirtschaftservice gemacht und ihm außerdem einen Neben-Nebenjob in der *Banca Nazionale* verschafft. Bald danach wurde er von meinen Gnaden auch noch Aufsichtsratsvorsitzender unserer *Immoinvestimento* und stellvertretender Aufsichtsrats-Chef der *Immo-Oriente*, und trotzdem hat es der Mann nicht geschafft, meine Dissertation fertigzustellen. Oder war es gerade deswegen? Hatte ich ihn einfach überfordert? Jedenfalls blieb ich auf diese Art und Weise bis heute bescheiden bei meinem Magister-Titel.

Aber das ist auch besser so, denn ich war nie für fades, faktenbasiertes Forschen bestimmt, sondern für die weite, wunderbare Welt der Wirtschaft, voll von mächtigen Männern und magischen *mercati*! So bin ich, Carlo-Enrico Grassa, eben.

Kein Tag wie jeder andere. Er kam, nahm und siegte. Genauer gesagt: Er kam über mich wie der *scirocco*, jener unaufhaltsame kräftige, warme sizilianische Wind, wenn er an die Küsten braust!

Er nahm mich behütend, beglückend und beflügelnd auf seine stolzen Schwingen, hob mich empor auf seine Augenhöhe und damit in ungeahnte Sphären des Glücks!

Und er siegte noch in derselben Sekunde, da unsere Blicke einander zum ersten Mal kreuzten, über mein sich zierendes zögerndes Zaudern, mit jener Allgewalt, die dem Ätna eigen ist, wenn aus dem Innersten der Erde stammende Flammenplasmen seine Flanken hinunterfetzen nach Catania und dort so manchen auf der Flucht vor seiner Wucht im Strandcafé zurückgelassenen, einsamen Teller Tiramisu auf die Größe eines Flecks brauner Fliegenspucke zusammenschmelzen lassen, wofür sie nicht mehr Zeit brauchen als ein Kolibri für einen Flügelschlag!

Ich bitte um Verständnis für die schlichte Wortwahl in dieser Beschreibung, aber noch heute, Jahrzehnte danach, fehlen mir die angemessenen Begriffe für das, was sich da an jenem Sommertag des Jahres 1992 unten am Hafen, im Bootsgeschäft meiner Eltern zutrug.

Doch von Anfang an: Wie berichtet, half ich, wann immer ich Zeit hatte, bei meinem *padre* in unserer *marina* aus. Und auch er freute sich sehr darüber, denn kaum stand ich im Laden, explodierten die Umsätze. Bald hieß die übliche Vertrauensfrage der Meinungsforscher von Süd-Sizilien nicht mehr „Würden Sie von diesem Mann ein gebrauchtes Schlauchboot kaufen?“, sondern nur mehr: „Wie nahe kommt dieser Mann beim Kauf eines gebrauchten Schlauchbootes einem Carlo-Enrico Grassa?“

Wahrscheinlich lag das an meinem natürlichen Charme, meinem gepflegten Äußeren und meinem bubenhaften Lächeln. Es könnten aber auch meine guten Umgangsformen, mein gewinnendes Wesen und mein zuvorkommendes Auftreten gewesen sein. Oder meine präzise Sachkenntnis, mein umfassendes Wissen und meine sprichwörtliche Handschlagqualität. Ganz zu schweigen von meinem gewissen Etwas und dem mir angeborenen *Je-ne-sais-quois*.

Jedenfalls stand ich als frischgebackener *accademico* eines Tages knapp vor Geschäftsschluss wieder einmal hinten in unserer Werkstatt und trank meinen wohlverdienten *espresso macchiato* fast wie ein normaler Mensch, als mich unser menschenfreundlicherweise aus *Africa* importierter Hilfsarbeiter hinaus in den Schauraum rief, wo ein später Kunde nach mir gefragt hatte.

„Ach“, sagte ich, über die Störung wenig erfreut, „zeig ihm ein Bild von mir, dann wird er dir alles abkaufen!“

„*No no,* Carlo-Enrico!“, antwortete der Mann nervös. „*Signore* dich möchte persönlich! Und es ist … es ist … er!“

Nun, ich lasse niemanden in einer schwierigen Situation alleine, also ging ich hinaus, in der Erwartung, vor dem Zusperren noch schnell eine 500-Fuß-Jacht zu verkaufen. Und der Mann hatte wirklich gut daran getan, mich zu rufen. Denn da, mitten zwischen all den aufgestapelten Luftmatratzen, Sandspielzeugen, Schwimmflügeln und Vorführbooten stand niemand Geringerer als – Jorgo Aidero! Der legendenumwobene Kämpfer gegen die Allmacht der alten, verkrusteten Parteien, der heldenhafte Anführer seiner PDL, der *Partito Della Libertà*. Er, das bewährte Bollwerk gegen Bürokratie, Filzokratie und alle anderen -kratien noch dazu, gegen Kommunismus, Sozialismus und alle anderen -ismen sowieso. Ein menschlicher Mythos, eine lebende Legende, ein wandelndes Wunder!

Dreiundzwanzig Jahre hatte ich alt werden müssen, um jenen magischen Moment zu erleben! Und sofort empfand ich: Nein, vor mir stand da nicht einfach ein Mensch, der zwei Beine hatte wie ich, zwei Augen wie ich, eine schicke Lederjacke und eine sündteure Armbanduhr wie ich!

Es traf mich ein Blitz. Sein Blitz.

Und mein Blitz traf ihn.

So standen wir schier endlos lange währende drei Sekunden schweigend voreinander, und er, der große Jorgo Aidero, musste mein Zögern bemerkt haben. Denn er schmunzelte sein typisches

Schmunzeln mit den typisch ironisch herabgezogenen Mundwinkeln und dem typischen Schalk in den Augen. Ich wiederum ließ mich nicht hetzen, schließlich galt es, die richtigen Worte für diesen historischen Augenblick zu finden.

„*Buona sera!*“, sagte ich schließlich. „Was führt die Sonne Siziliens ins Dämmerlicht unseres bescheidenen Geschäfts?“

„Die Suche nach einem neuen Planeten“, antwortete er mit einem bedeutungsvollen Lächeln.

Und schon daran merkte man: Wir verstanden uns auf Anhieb. Wir waren bereits in der ersten, gemeinsam verbrachten Minute ein Sinn, ein Wort und eine Metaphorik!

Er, der Hai – der respektierte König der Meere –, und ich, ein kleiner Hai, sein Prinz.

Er sei damals eigentlich gekommen, um ein Badeboot für seine Frau zu kaufen, erzählte er später neugierigen *giornalisti* gerne. Ein Boot, mit dem sie auf der Olivenplantage der Familie im nahen *Valle d'Orsi* spazierenfahren konnte. Allein, das Schicksal hätte etwas anderes vorgehabt. Mit ihm. Mit mir. Und mit dem Badeboot.

Keinem dieser Dummköpfe ist jemals aufgefallen, dass sich eine Olivenplantage denkbar schlecht für den Gebrauch von Booten eignet, aber der wahre Grund für Jorgo Aideros Besuch war ohnedies ein anderer gewesen. Er hieß: Ich, Carlo-Enrico Grassa.

Einem ewig Suchenden wie ihm konnten mein Ruhm und mein Glanz klarerweise nicht verborgen bleiben, und so hatte er eben beschlossen, mich kennenzulernen. Und den Kauf eines albernen Planschbootes für seine nebensächliche Frau als Vorwand genommen. Kaum hatte ich ihm unsere Angebote, vom kleinen Einsitzer *Hawaii Sunset* bis zum Schlauch-Trimaran gezeigt, kam er auch schon zur Sache. Er kaufte eine aufblasbare Palmeninsel und bestand auf persönlicher Zustellung, zwecks Hilfe beim Aufblasen. Und er steckte mir seine Visitenkarte zu, nicht ohne „Ich freue mich auf Dich!“ auf die Rückseite zu schreiben.

Dann schickte er sich an, unser Geschäft zu verlassen. Erst jetzt fiel mir auf, dass sich „Il Jorgo“, wie er allenthalben genannt wurde, in Begleitung einer ganzen Entourage gut aussehender und bestens gelaunter junger Männer befand. Alle waren sie da, die später als seine *banda di ragazzi* berühmt werden sollten. Der leutselig lachende Valter „Maisi“ Maismontagnolo genauso wie der leutselig lachende Gernoto Ronpoldi, der leutselig lachende Carlo-Enrico Petrizzio genauso wie der leutselig lachende Giuseppe „Gimu“ Muschione, der leutselig lachende Martino Struzzi und der leutselig lachende Geraldo „Gerri“ Miccha.

Beim Abschied nahm mich sein damaliger persönlicher Sekretär, der etwas weniger leutselig lachende Pietro Ovestovalle, zur Seite und sagte: „Eines muss dir *chiaro* sein. Wenn du dir mit dem Jorgo etwas anfängst, dann kommst du dran!“

Was er damit meinte, wusste ich nicht. Es war mir auch egal. In meinem, Carlo-Enrico Grassas Leben war die Sonne aufgegangen.

Aber schon so etwas von *sapperlotto*!

Auf dem Sofa mit Jorgo

„Oh! Ooh! Oooh!“ Der immer noch schlanke, vielleicht nicht mehr ganz straffe, aber braungebrannte und mittlerweile auch schon über vierzigjährige Männerkörper räkelte sich richtiggehend rhythmisch und säuselte sanft sehnsuchtsvolle Silben.

Ein langgezogenes „Ooooh!“ noch. Dann ein weiteres Seufzen. Endlos.

Einer, der beim Zusammensein eigentlich viel aufgeregter ist, als man vorher annimmt, stellte ich fest. Ich war gerade gekommen und endlich an seiner Seite.

Es wäre schön, sagte er, nein: „Schööön!“ Also war ich gut, mehr noch: sehr gut. Noch mehr noch: seeehr guuut. Wieder einmal.

Ein richtiger *uomo* bist du erst, wenn du einen weisen Lehrer für alle Lebenslagen gefunden hast, dachte ich. Und das hatte ich ja soeben ganz zufriedenstellend hingekriegt.

Nein, nicht böse sein, *papà*, solltest du das hier irgendwann einmal lesen. Es war zwar keineswegs symbolisch gemeint, aber was soll man tun, wenn ältere Herren für jüngere Männer nun einmal so vorteilhaft sein können? Speziell natürlich für einen so tollen jungen Mann wie mich. Und dann noch dieser eine, ganz spezielle ältere Herr!

Ich sollte an dieser Stelle erwähnen, dass sich die vorhin beschriebene Entwicklung unserer *relazione* in einer bescheidenen Stadtwohnung in Agrigento zutrug. Nicht gerade ein Platz, an dem Glamouröse und Mächtige zu vermuten waren. Glamouröse und Mächtige wie er. Und er, das war niemand anderer als Jorgo Aidero, der Stern des Südens. Und zu ihm hatte ich mir soeben dank meiner einschlägigen Fähigkeiten das Eintritts-Ticket gelöst.

Endlich.

Natürlich wäre dieses Erlebnis noch viel eindrucksvoller gewesen, hätte es sich in Jorgo Aideros *ufficio* als Gouverneur unserer sizilianischen Südprovinz zugetragen. Doch aus diesem Amt hatte ihn eine linkslinke Gutmenschen-Schickeria mit tatkräftiger Hilfe ihrer christlich-sozialen Handlanger einige Monate zuvor verjagt. Ihn, den Hoffnungsträger der kleinen Leute, den Rächer der Witwen und Waisen, den Messias der Ehrlichen, Fleißigen und Tüchtigen, die Lichtgestalt aller, die von einer verfilzten, versteinerten, verkrusteten, verkommenen Clique von Großkoalitionären angelogen, ausgebeutet und ausgegrenzt wurden. Zugleich aber war er auch genialer Stratege und Kopf einer ganzen Bewegung. Seiner Bewegung: der *Partito della Libertà*! Die hatte er umgeschmiedet von einem Sektierergrüppchen ewiggestriger Notare, Primarärzte und ähnlicher eingetrockneter Honoratioren zu einer stetig wachsenden *opposizione* aus zu kurz gekommenen *lavoratori* und show-lustigen Partytigern.

Er war scharfsinnig (fast so wie ich!), er sah immer noch gut aus (nicht ganz so gut wie ich!), und er hatte keinerlei Beißhemmung. Darüber hinaus genoss er die Gnade der richtigen Geburt zur richtigen Zeit am richtigen Ort. Schon sein Vater war in der Politik gewesen. Beginnend als Schwarzhemd der ersten Stunde hatte es der gelernte Flickschuster Roberto Aidero in den Reihen von Mussolinis *fascisti* zum Leutnant gebracht. Eine Laufbahn, an die er im Nachkriegs-Sizilien nach einigen Jahren in der Versenkung wieder anschließen konnte: als Regionalsekretär der PDL in Goiserno Bagno, einem kleinen Ort in den Bergen, der für drei Dinge berühmt war: erstens grob genagelte Schuhe, die sich hervorragend als Arbeitsbeschaffung für Orthopäden eigneten, zweitens einen Hang der dort ansässigen Männer, vierstimmig zu singen, der sich ganz hervorragend für sogenannte „Heimatabende" in Touristenhotels eignete – und drittens einen sensationell hohen Anteil an nationalistischen Stimmen bei den Wahlen, der sich ganz hervorragend als Basis für eine politische Karriere eignete.

Klar, dass die einschlägige Szene den kleinen Jorgo daher schon von Anbeginn bestens kannte. Und ebenso klar, dass er auf dieses Potenzial bei seinem Aufstieg zurückgreifen konnte.

Seinen Aufstieg ermöglichten vor allem einige selbst verschuldete Todesfälle. Politische natürlich: Als erster beging der damalige PDL-Chef der Südprovinz, Mario Bugatti-Pozzocampo, den Fehler, in die Zentrale nach Palermo zu gehen – und fand sich wenig später mit einem Misstrauensantrag im Rücken steckend als Privatmann daheim wieder. Als nächster war der oberste Parteichef dran, irgendein langweiliger Rechtsanwalt mit Schnauzbart namens Norberto Stegerino. Der hatte fahrlässigerweise ein wenig zu sehr auf staatstragend gemacht, und da konnte es nicht ausbleiben, dass Jorgo Aidero die Partei-Basis – und das waren immerhin ein paar hundert Leute! – nach sich selbst als Erlöser rufen ließ. Und so kam es, wie es kommen musste. Sizilien hatte ein politisches Spektakel, das Fernsehen immer wieder gerne gezeigte Bilder von der Machtübernahme – und Jorgo Aidero jene Aufmerksamkeit, die er für seine weiteren Pläne brauchte. Er wusste eben nur zu genau, dass der einfachste Weg in die Schlagzeilen der ehrenwerte ist: Wenn du keine anderen zum Umlegen findest, dann nimm die eigenen Leute – und wenn man dich mit der rauchenden Pistole erwischt, dann sag treuherzig, der andere hätte dir keine andere Wahl gelassen.

So schaffte er es auch 1989 mit Hilfe der Christdemokraten, Gouverneur der Südprovinz zu werden. Als erster PDL-Mann überhaupt.

Als ich seine persönliche Betreuung übernahm, war er in einem totalen Tief. Irgendein Hinterbank-Sozi hatte mitgeschrieben, dass der *governatore* Jorgo in einer Sitzung öffentlich Mussolinis Wirtschaftspolitik gelobt hatte. Das war an sich nicht überraschend. Jedes Kind in Sizilien wusste, dass wir dem *Duce* prächtige Bauten wie unsere *autostrade* oder das Hauptpostamt von Palermo verdanken. Die Überraschung bestand eher darin, dass die Roten, die sich schon mit dem Reden plagten, überhaupt schreiben konnten. Jedenfalls führte diese kleine Randbemerkung dazu, dass sich die Alt-Apparatschiks Siziliens zusammentaten und *il Jorgo* 1991 aus seinem Amt verjagten. So deprimiert war er damals, dass er ernsthaft überlegte, aus der Politik auszusteigen und zu seiner Frau ins *Valle d'Orso* zurückzukehren!

Ich freilich erkannte: Aus dem Mann konnte man noch einiges herausholen. Und, wahrlich, ich habe es geschafft. Ich richtete ihn auf. Und da will ich jetzt keine schmutzigen Randbemerkungen hören.

2. KAPITEL

Jorgos Planet

„Carlico!", so nannte mich Jorgo Aidero immer liebevoll, wenn wir zusammen waren, indem er, der begnadete Formulierer, unserer an sich schon poetischen, italienischen Sprache dieses prächtige Kunstwort aus meinen beiden Vornamen schenkte. Diesmal freilich klang seine Stimme nicht romantisch, sondern geradezu fordernd, als er fragte: „Carlico, warst du schon einmal auf Urlaub?"

Wir saßen auf der Terrasse seiner im Vergleich zur privaten Garconniere in Agrigento weit weniger bescheidenen Partei-Dienstwohnung in Palermo und blickten über die Dächer der Altstadt. Wie zwei *innamorati*, vollgepumpt mit Gefühlen, Hoffnungen und Plänen.

„Natürlich!", antwortete ich stolz. „Ich war mit meinen Eltern mehrere Male hoch oben im kühlen Norden, in Jesolo, Bibione und Caorle. Und einmal waren wir sogar im Ausland, in Vienna! Das liegt, soviel ich weiß, in Austria."

„*Grandioso*!", gratulierte mir Jorgo zu so viel geografischem Wissen. „Dann wirst du ab sofort als Tourismus-Experte für unsere Parlaments-Fraktion arbeiten! *Cinque milioni* im Monat sind okay?"

Für fünf Millionen Lire musste damals, Anfang der neunziger Jahre, ein durchschnittlicher *lavoratore* drei Monate am Fließband stehen, und ein durchschnittlicher PDL-Vorsitzender konnte damit immerhin ein paar Mal mit mir Abendessen gehen. Für mich als frisch gebackenen Uni-Abgänger war dieses Angebot also gar nicht einmal so schlecht. Dennoch, mein Wirtschaftsstudium hatte mich gelehrt, akribisch zu rechnen, also schaute ich Jorgo zärtlich in die Augen und stellte die einzige, einer solchen Situation angemessene Frage: „Brutto oder netto?"

„Brutto für netto!", antwortete er. „Oder glaubst du, dass wir dem ausbeuterischen Staat, der uns alle auspresst wie Zitronen für eine *limonata*, auch nur einen einzigen *Centesimo* überflüssiger Steuer in den Rachen stopfen? Nur damit sich verbrecherische Multiplutokratenfunktionäre damit ihre fetten Bäuche vollstopfen? Ich zahle das sowieso aus meinem, sagen wir, Sonderbudget. Also was ist? Hand drauf?"

Unbeholfen grapschte Jorgo nach meiner Rechten, umschlang sie und drückte einen kleinen, verschämten Kuss darauf.

Der alte Menschenfänger wusste eben nur allzu genau, wie man Leute herumkriegt.

Ich wiederum schätzte es immer aufs Neue, wenn jemand meinen wirklichen Wert erkannt hatte – und das auch angemessen zum Ausdruck brachte.

So entschied sich denn in dieser einzigartigen Sekunde im Herbst 1992 meine Zukunft. Und mit ihr die Zukunft Siziliens, wie ja heute feststeht.

In jenem magischen Moment sagte ich den zahllosen Berufungen an Elite-Universitäten in aller Welt, die sicher noch gekommen wären, adieu. In diesem Moment wies ich alle Headhunter, die mich sicher bald mit Top-Management-Jobs geködert hätten, zurück. In diesem Moment entschloss ich mich, Politiker zu werden!

Ich ließ einige Augenblicke des Schweigens verstreichen, um der Würde des historischen Geschehens Raum zu geben, dann ergriff ich Jorgos Hände und sagte: „*Sì!*“

„Du machst mich mit dieser Antwort sehr, sehr glücklich!“, gestand Jorgo und umarmte mich. Ich konnte ihn verstehen. Auch ich hätte mich umarmt, wenn ich mir selbst das Ja-Wort gegeben hätte. Dennoch, eine Frage quälte mich. Und die musste jetzt heraus: „Was hättest du gemacht, wenn ich noch nie im Leben auf Urlaub gewesen wäre?“

„Dann hätte ich dich gefragt, ob du schon einmal Auto gefahren bist – und du wärst unser Verkehrsexperte geworden. Oder ob du schon einmal Buchstabensuppe gegessen hast – dann wärst du unser Bildungsexperte geworden! Egal was, ich wollte nur, dass du ja sagst. Denn ich möchte, dass du bei mir bleibst! Möglichst nah. Für immer und einen Tag!“

Lehrjahre in Palermo. Um es vorwegzunehmen: Die folgenden Monate zählten zu den glücklichsten meiner jungen Jahre. Tagsüber die Arbeit im Parlament, immer an der Seite Jorgo Aideros, abends jede Menge umjubelter Auftritte, ebenfalls an der Seite Jorgo Aideros, und spät nachts fiel ich dann erschöpft und glücklich in den Schlaf!

Ja, ja, ich weiß schon, wenn diese Zeilen vom Licht der Öffentlichkeit erblickt werden (und alle meine Zeilen werden verdientermaßen vom Licht der Öffentlichkeit erblickt!), dann werden sich all jene Leute, deren bescheidene Talente ihnen keine andere Wahl ließen, als lohnschreibende *giornalisti* zu werden, in wilden Spekulationen darüber ergehen, wie denn unsere Beziehung nun genau beschaffen gewesen wäre. Daher sei all ihren miefenden und speicheltriefenden Fantasien gleich von vornherein der mickrige Wind aus den rotztuchgroßen Segeln genommen: Die Beziehung zwischen Jorgo Aidero und mir, Carlo-Enrico Grassa, war über jede eurer schmuddeligen Verdächtigungen erhaben! Sie war von jener unbefleckten Reinheit, wie man sie sonst nur in katholischen Seminaren findet.

Was nun meine Tätigkeit als Tourismus-Experte der PDL anging, so setzte ich auch hier von Anfang an völlig neue Maßstäbe. Ich schaute mir kurz die Politik unserer Bewegung an, dachte ebenso kurz nach und meißelte daraus ein ganz kurzes Drei-Punkte-Programm:

1. Es gibt *turisti*, und es gibt *immigranti*.
2. Je weniger *immigranti* es gibt, desto mehr Platz haben wir für *turisti*.
3. Die alten Parteien mit ihren selbstgefälligen, korrupten, nichtsnutzigen Berufsfunktionären haben das nicht erkannt, verschlampt oder unter den Teppich gekehrt und sind daher unfähig, abgehoben und unbrauchbar!

Jorgo war begeistert: „Endlich jemand mit einem kühnen Blick für die Zukunft! Was heißt schon Tourismus? Was heißt Experte? Carlico, ab heute bist du unser Zukunfts-Spezialist!"

Und so geschah es.

Kaum zum *specialista di futuro* avanciert, schaute ich mir kurz die Vergangenheit der wichtigsten PDL-*funzionari* an, dachte erneut kurz nach und schuf daraus erneut ein superkurzes, superklares Drei-Punkte-Programm, diesmal zum Thema Zukunft:

1. Es gibt in Sizilien mehr *immigranti* als *futuro*.
2. Je mehr *immigranti* es gibt, desto weniger Platz haben wir für die *futuro*.
3. Die alten Parteien mit ihren ausländerfreundlichen, inländerfeindlichen, windelweichen Bonzen haben das nicht bemerkt, verzögert oder vom Tisch gewischt und sind daher niederträchtig, nichtsnutzig und schädlich!

Jorgo war diesmal noch begeisterter: „Endlich jemand, der die Dinge generell angeht! Was heißt schon Zukunft? Was heißt Spezialist? Carlico, ab sofort bist du unser Generalsekretär!"

Und so geschah es ebenfalls. Übrigens auf einer gemeinsamen Reise nach *Arabia*, wie sie Jorgo besonders gerne auf den Terminkalender setzte. Erstens, weil dort echte Männer noch echt unter sich sind. Zweitens, weil diese echten Männer echt viel Geld haben, und drittens, weil dort unser kleiner Trick für solche Reisen besonders gut funktionierte: Denn daheim, da wussten ja alle, dass Jorgo aus seiner sogenannten Ehe zwei Töchter hatte – bei Besuchen im *oriente* hingegen gab er mich einfach als seinen Sohn aus. Das ermöglichte Zimmer-Buchungen, aufgrund derer wir besonders eng zusammenarbeiten konnten.

Und diese Zusammenarbeit verlief weiterhin erfolgreich. Kaum PDL-Generalsekretär geworden, schaute ich mir gründlich die Meinungsumfragen an, überlegte lange und stemmte Anfang 1993 ein ausführliches Drei-Punkte-Volksbegehren auf die politische Bühne, es hieß *„Sicilia prima!"* und forderte:

1. Beschränkung des Lebensraums für *immigrati* auf 2 Kubikmeter pro Person (Kinder die Hälfte).
2. Schaffung einer *„immigrato"*-Armbinde, um sie auf den *strade* und *piazze* Siziliens besser erkennen zu können.

3. Einführung der Bezeichnung „*idiota*“ für alle privilegierten, unqualifizierten und egoistischen Spesenritter der alten Parteien, die das nicht sofort kapieren, unterstützen und ermöglichen und daher unredlich, unehrlich und gemeingefährlich sind!

Nun war Jorgo Aidero an Begeisterung nicht mehr zu überbieten: „Endlich sind wir die *sanguinaccio* los!“, jubelte er. (*Sanguinaccio* = ital. für „Blutwurst“, bezeichnet hier eine sich zierende, besserwisserische Frau, in etwa mit dem österr.-bair. Pejorativ „Blunzen“ zu übersetzen. Anm. d. Ü.)

Der Hintergrund: Am Ende hatte unser „Sizilien zuerst!“-Volksbegehren zwar recht wenige Unterschriften bekommen, aber an Öffentlichkeitswirkung war es kaum zu überbieten gewesen. Reflexartig hatten uns die politischen Gutmenschen und Weltverbesserer aller Couleurs und Zeitungsformate brav geifernd immer wieder auf die Titelseiten gehievt. Ein Werbeaufwand, den nicht einmal Silvio Berlusconi drüben in Italien finanzieren hätte können. Uns aber hatte das nicht eine löchrige Lira gekostet!

Tauchte Jorgo irgendwo auf, dann zog er die Massen an, als wäre ihnen der leibhaftige Eros persönlich erschienen. Und der Ramazzotti gleich dazu. Selbst für uns, die Männer an seiner Seite, fiel dabei einiges ab. Ich erinnere mich bis heute daran, wie mein *papà* mir lachend erzählte, dass sich der in unserem Betrieb beschäftigte naive *Africano* nach diesem Volksbegehren nicht mehr auf die Straße traute.

Und die *sanguinaccio*? Dabei handelte es sich um niemanden anderen als Heidrunlieselorelotte Fabbri. Rein biologisch war sie höchstwahrscheinlich weiblichen Geschlechts und hatte außerdem besonders stahlblaue Augen, weshalb sie es in den Reihen der PDL immerhin zur Alibifrau gebracht hatte. Wie der Vorname schon sagt, war sie eine gebürtige *tedesca*, daher von angeborener Besserwisserei und hatte auch den entsprechenden Akzent. Unmittelbar nach unserem so erfolgreich erfolglosen Volksbegehren verließ sie die *Partito Della Libertà* und gründete ein sogenanntes *Foro Liberale*. Das war in Sizilien immer schon eine solide Basis gewesen, um als Lachnummer in die politischen Witzbücher einzugehen.

„*Buon viaggio* auf den historischen Misthaufen!“, prustete Jorgo bei dieser Nachricht. „Niemand hat diese *tussa* jemals gebraucht!“

Es war, wie gesagt, eine sehr, sehr glückliche Zeit.

Viel Freund, viel Ehr'. Ach, und wie oft saßen wir in jenen Tagen zusammen, um uns auszutauschen, neue Ideen auszubrüten oder auch einfach nur, um unsere *gaudi* zu haben. Eine verschworene Gemeinschaft von freiheitsliebenden, unserer *nazione* verpflichteten Männern, bei persischem Kaviar, spanischem Schinken und französischem Champagner.

„Man kann ja über die Ausländer vieles sagen", bemerkte Valter „Maisi" Maismontagnolo in solchen Situationen gerne, „dass sie *falotti* sind, *cretini*, *criminali*, *chafferi* und *canachi*, aber manche von ihnen habe ich zum Fressen gern." Sprachs und schob sich eine Handvoll griechischer Oliven mit bulgarischem Schafkäse in den Mund.

„Und zum Saufen!", fügte Gernoto Ronpoldi hinzu, indem er mit einem *bicchiere* türkischem Raki nachspülte. Mit beiden war ich bald besonders gut Freund. Der eine, „Maisi" Maismontagnolo, war damals mein Co-Generalsekretär und außerdem unser Experte für Verkehr, Außenpolitik, Wirtschaft, Medien, Autofahrer und die Region *Alto Adige*, wofür er als ehemaliger Tankstellenpächter ja wirklich prädestiniert war. Gernoto Ronpoldi wiederum war damals mein anderer Co-Generalsekretär und außerdem unser PR-Experte. Auch er eine glaubwürdige Besetzung. Immerhin war er Eigentümer einer echten Frau und hatte die Öffentlichkeitsarbeit von der Pike auf gelernt, wie sein bekannt gewordener Satz beweist: „Wenn ich die Zeit zusammenzähle, in der ich mit dem Jorgo durch die Discos getourt bin, bin ich schon pensionsberechtigt."

Vielleicht sollte ich an dieser Stelle zwei möglichen Missverständnissen entgegentreten: Erstens stimmt es nicht, dass die PDL damals mehr Generalsekretäre als Mitglieder hatte und zweitens handelte es sich bei solchen Nächten um beinharte politische Arbeit für uns alle! Denn während es sich die von uns vertretenen, einfachen Leute daheim mit einem Teller *spaghetti* vor dem *televisore* gemütlich machen konnten und die von uns ebenfalls vertretenen Durchschnitts-Hedonisten nichts anderes zu tun hatten, als die Bars von Taormina vor dem Konkurs zu bewahren, mussten wir Nacht für Nacht hinaus an die Front und uns dort um ihrer aller Wohl kümmern. Im „*Palumbo Piccionello Calogero*" in Agrigento genauso wie im „*Parigi*" in Caltanisetta oder im „*Drop On*" in Enna, im „*Da Don Vito*" in Corleone, im „*Speakeasy*" in Palermo und im „*La Dolce Vita Di Roccella*" in San Cataldo. Dann natürlich auch im „*Goya*" in Syrakus, im „*Otto e mezza*" in Trapani und und und ... Keinen Lokalbesitzer durften wir übergehen, keinen Barkeeper oder DJ vergrämen. Denn überall saßen ein paar Promille Wählerstimmen herum und warteten auf ein paar Promille in Form von *Grappa* oder *Spumante*. Dazwischen lagen stundenlange, einsame Fahrten durch die Finsternis auf sizilianischen Landstraßen, und ich hoffe, es ist klar, dass so viel volksnahe Politik auch große gesundheitliche Opfer forderte, vor allem an der Leber.

Die Jorgo-Spiele. „*Andiamo, amici*!“, forderte Jorgo Aidero dann oft noch zu allerfrühester Stunde unsere geballte Kreativität zu einem positiven Wettstreit heraus. Was nun kam, nannten wir unser „Wer? Warum? Welche Geschichte?“-Spiel. Dessen Regeln ähnelten dem bekannten Gesellschaftsspiel „Stadt–Land–Fluss“. Jeder bekam einen Zettel und trug darauf mehrere Spalten ein. Dann rief Jorgo einen Buchstaben in die Runde, und alle hatten in Windeseile zu notieren, wer als nächster an den politischen Pranger gestellt werden sollte, warum, und mit welcher Geschichte das anschaulich zu machen sei. „A!“, sagte Jorgo. Alle notierten eifrig. Irgendjemand rief „Fertig!“, und es ging ans Vergleichen. „Ich

Legendäres Mitglied (Vierter von links) des legendären Teams des legendären PDL-Chefs Jorgo Aidero (Dritter von rechts). – *Teatro Greco* Taormina, 1994

habe *Ausländer*", sagte Pietro Ovestovalle, „weil sie *asozial* sind und vor kurzem ein *anatolischer Analphabet* in *Avola* einen Antrag *a*uf *Arbeitslosenunterstützung abgegeben* hat!"

„*Bravo*, Pietro!", lobte Jorgo. „Acht Mal A, macht acht Punkte! Der nächste Buchstabe ist ... I!" Wieder dasselbe Spiel. „Fertig!", rief Evaldo Stallone aus Favignana an der Westspitze Siziliens, eigentlich immer ein wenig der Fremdkörper in unseren Reihen, und stolz las er von seinem Zettel ab: „*Iraker*! Weil sie *immer irgendwie* an Schwule erinnern ..." Weiter kam er nicht, der Rest ging im allgemeinen Gelächter unter. Ich denke, diese Geschichte erklärt auch, warum er es in unseren Reihen nie weiter brachte als zum Experten für die Katholische Kirche.

Nächste Runde, Buchstabe G.

„*Gierige Gewerkschafter*!", hatte diesmal ich die Nase vorn. „Weil sich diese *gemeingefährlichen Großfunktionäre gegenseitig gutes Geld gewissenhafter Genossen* in *gefräßige, gierige Gurgeln geben. Gestern geschahen* in *Giovanni Gemini gewaltige Gastgewerbe-Gewerkschafts-Gipfeltreffen! Gelagemäßig gereicht gab's gemeinerweise gleich grenzenlos Goca Gola! Gratis! Grauenhafte Geschichte*!"

„*Grandioso*!", jubelte Jorgo, „34 Punkte! *Gratulazione*!"

„He!", protestierte Pietro Ovestovalle, unser Experte fürs energische Protestieren energisch.

„Gierig war doppelt! Außerdem schreibt man Coca Cola nicht mit G!"

„Basta!", brachte ihn Jorgo zum Schweigen, „Carlico ist der Sieger! Gernoto, mach' eine Presseaussendung fertig, aber *avanti*!"

Ab in den Süden. Einer platzte natürlich vor lauter Stolz wegen seiner Mithilfe bei all diesen Gesellschaftsspielen. Pietro Ovestovalle. Ein Mann, dem kein Auftrag zu lächerlich, keine Lächerlichkeit zu peinlich und keine Peinlichkeit zu unangenehm schien. Das mag mit seiner persönlichen Herkunft zusammenhängen. Denn er hatte orientalische Vorfahren und hieß eigentlich Hadschi al Hoyadsch. Ein klassisches Mischblut also. Und das kam in einer reinrassig sizilianischen Partei wie der unseren nicht so gut an. Also musste irgendetwas mit Okzident her, und er ließ sich auf das italienische Ovestovalle umbenennen, trug fortan eine besonders *papagallo*-hafte Fön-Frisur, besonders *gigolo*-hafte Anzüge und besonders *strizzi*-hafte große Krawattenknoten. Ein *complexlo* halt, wie er im Psychologiebuch des Gymnasiums steht. Aber davon hatte er, mangels Gymnasium, natürlich keine Ahnung. Vielmehr hatte er irgendeinen Schmalspur-*ingegnere* gemacht, ein Titel, den die wenigsten seiner Besitzer richtig schreiben können. Und zwar für Computer. Das bedeutete damals, in den 1980er Jahren, nicht mehr, als auf irgendwelchen Commodore 64-ern ein paar Pac-Man-Figuren zum Hüpfen bringen zu können. Mit diesen Fähigkeiten hatte er sich bei Jorgo Aidero angebiedert, und irgendwann hatte ihm der wohl treuherzig versichert, dass er ihn in seiner Nähe haben wollte. Für immer und einen Tag. Leute vom geistigen Zuschnitt eines Pietro Ovestovalle alias Hadschi al Hoyadsch fielen auf diesen Trick natürlich nur allzu bereitwillig herein.

Für ihn musste es also eine besondere Demütigung bedeuten, dass Jorgo Aidero wenig später eine tadellos gekleidete, bestens frisierte und dazu noch hochbegabte, alles überstrahlende Zukunftshoffnung wie mich an seine Seite holte. Und als besonders erniedrigend musste der sogenannte Experte für moderne Medien natürlich sein neues Aufgabengebiet empfinden, nämlich Jorgo Aideros *telefono* zu werden.

Als solches bestand sein Alltag im Wesentlichen aus dem Einschüchtern von Jorgos TV-Diskussionsgegnern mithilfe kleinerer Enthüllungen, aus dem Einschüchtern von Chefredakteuren mithilfe größerer Inseraten-Boykotts und vor allem aus dem Einschüchtern von Fernseh-Moderatoren mithilfe ganz großer Beflegelungen, wenn er sie nahezu täglich mitten in ihren Sendungen anrief und sie als Büttel der herrschenden alten Parteien bezeichnete, gegen die er gerichtliche Schritte ankündigte. Immerhin, das kriegte er ganz gut hin.

Der aufmerksame Leser wird mittlerweile registriert haben, dass auf den letzten Seiten dieses Buches vier sehr bedeutsame Worte nicht vorgekommen sind. Diese Worte lauten: „Ich, Carlo-Enrico Grassa“. Das heißt nun keineswegs, dass ich in dieser Zeit irgendwie nicht besonders gut, besonders erfolgreich und besonders wichtig gewesen wäre. Nein, ich habe von anderen Leuten berichtet, weil gerade ein erfolgsverwöhnter Mann wie ich, Carlo-Enrico Grassa, ein paar Wasserträger um sich braucht. Menschen, bestens qualifiziert als Fußvolk und Pfeifendeckel, um sich selbst seinen Führungsaufgaben als Feldherr widmen zu können.

Im Herbst 1994 war es nämlich so weit. Jorgo Aidero nahm mich beiseite und enthüllte mir seinen neuesten Plan:

„Mit dem Pietro Ovestovalle geht es so nicht weiter“, meinte er, „du bist ein paar *numeri di scarpe* zu groß für ihn, und jetzt ist er eifersüchtig. Andererseits brauche ich solche *bottiglie* wie ihn für die Drecksarbeit. Ich habe daher beschlossen, euch beide zu trennen. Du gehst nach Hause und wirst als mein Statthalter stellvertretender Gouverneur der Südprovinz in Agrigento. Und den Pietro mache ich zum Aufpasser unserer Abgeordneten in Palermo. Denn andere einschüchtern, das kann er ja wenigstens.

„*Vice governatore?*“, fragte ich. „Da wäre ich ja der jüngste, den das Land jemals gesehen hat!

Aber dort sitzt doch dein alter Freund Matteo Raicoldo!“

„Nur mehr bis morgen“, antwortete Jorgo, „denn da findet er in der Post sein vorformuliertes Rücktrittsschreiben samt ärztlichem Attest über Herzkammerflimmern.“

Also packte ich mein *bagaglio* und machte mich auf den Weg nach Süden. Zu neuen, großen Taten.

Auf neuen Pfaden. Wieder in der Heimat, tat ich die drei wichtigsten Dinge zuerst. Ich kaufte mir eine Menge schicke Anzüge, ich beschaffte mir eine herzeigbare Frau mit wenig Freizeit, und ich fragte Franco Stronov, ob er an der sizilianischen Südküste nicht irgendeine seiner Fabriken hinstellen könnte. Zwecks Wirtschaftsförderung.

Das taten damals alle.

Franco Stronov, eigentlich Francesco Saccodipaglio, war ein gelernter Fleischhauermeister aus Südostsizilien und hatte einen goldenen Riecher bewiesen, indem er nach der Wende in Osteuropa in Richtung Russland abgedampft war. Dort hatte er zunächst seinen unaussprechlichen, italienischen Namen geändert, sodann eine kleine Wurstfabrik gegründet und diese innerhalb kürzester Zeit zum führenden Unternehmen für Darmfüllungen aller Art zwischen Minsk und Omsk ausgebaut, dem *Maksima*-Konzern.

Seine unternehmerische Philosophie fasste er später in einem oft und gern zitierten Satz zusammen: „Wer die Wurst hat, der bestimmt den Speisezettel."

Dass sein *Maksima*-Imperium so schnell wuchs, ging auf Franco Stronovs ebenso einfaches wie effizientes Führungsprinzip des *karascho enterprisov* zurück. Denn die Arbeiter in seinen Firmen wurden ausschließlich mit Speck und Schmalz entlohnt. Ein weiterer Eckpfeiler seines Erfolges war die Mitarbeiterbeteiligung. Besonders fleißige Leute in Stronovs Belegschaft bekamen als Prämie Teile der Maschinen, an denen sie arbeiteten, geschenkt. Weil sie diese natürlich nirgends hin mitnehmen konnten, blieben sie der Firma umso mehr treu und keiften jeden anderen an, der an „ihren" Maschinen nicht fleißig arbeitete oder gar krank wurde. Den Gipfel unternehmerischer Genialität erreichte Franco Stronov allerdings mit seinem Prinzip der „Kernspaltung": Wenn eine seiner Firmen eine bestimmte Größe erreichte, dann zerlegte er sie in zwei Teile, wie er es ja in seinem ursprünglichen Beruf als Fleischhauer gelernt hatte. So, dass diese beiden Teile einander Konkurrenz machten. Damit sorgte er dafür, dass sich auch seine Manager gegenseitig belauerten und wirklich das Letzte aus ihren Geräten herauspressten, auch wenn diese Geräte zwei Beine und eine Geburtsurkunde besaßen.

Mitte der 1990er Jahre kam Franco Stronov dann immer wieder gerne in seine alte Heimat Sizilien zurück. Und alle, die irgendwo einen alten Schlachthof oder eine ausrangierte Faschiermaschine herumstehen hatten, sahen in ihm ihren Retter. Überall trug man ihm marode Betriebe an, in der Hoffnung, die darniederliegende sizilianische Lebensmittelindustrie wieder auf die Beine zu bringen.

Also rief auch ich ihn an. Meine Vision war es, in der Provinz Agrigento eine Fettaugenfabrik anzusiedeln und davon ausgehend ein bisschen am italienischen Mortadellamarkt mitzuschneiden. Er aber zögerte. Unsere Schweine seien zu wenig fett für ihn meinte er und fragte dann: „Was kosten?"

Auf meinen Einwand, dass es noch nichts zum Kosten gebe, weil wir ja schließlich noch nichts produzierten, fragte er konkreter: „Njet, meine ich: Was du kosten?"

Ich stellte im Kopf eine Überschlagsrechnung an und musste ihm dann die ganze Wahrheit sagen: „Tut mir leid, Franco, aber meine Qualitäten sind sogar für dich unbezahlbar."

„*Dobre*!" Stronov schmunzelte und holte einen größeren Rubel-Schein aus der Tasche. „Ich nicht anderes Papier bei mir habe!", sagte er und kritzelte seine private Telefonnummer darauf. „Nimm das als meine Visitenkarte, *towarisch*! Bei euch allen der Tag kommt, an dem ihr sie könnt brauchen."

Meine Regierungstätigkeit wurde auch von der Lebensmittelindustrie gewürdigt. – *Mercato di Lampedusa,* 1999.

I did it my way. Ich kann nicht verhehlen, dass das Amt des *vice governatore* an der sizilianischen Südküste für meine Visionen viel zu klein war. Jahraus-jahrein irgendwelche *scuole elementari* zu eröffnen und bei langweiligen *concerti* in der ersten Reihe gegen den Schlaf zu kämpfen, während die oben auf der Bühne das mit irgendwelchen Puccini-Noten taten, das war zwar tages- und abend-, aber keineswegs mich ausfüllend.

Und so ging ich erneut hinunter an der Strand von Porto Empedocle wie dereinst als kleiner Junge. Und wie damals schaute ich sehnsüchtig über die schimmernden Wellen hinüber in Richtung Afrika und dachte mir: „*Madonna mia*, warum …"

Doch diesmal ließ mich mein Freund, der Liebe Gott, gar nicht zu Ende denken, sondern schickte seine Wolken sofort, und auch der Sonnenstrahl war gleich wieder da, nur fiel er diesmal interessanterweise nicht auf meine Stirn, sondern wies einen Weg hinaus aufs Meer, schnurstracks nach Süden. Und dann wurde der Himmel dort unten mit einem Mal tiefschwarz.

Nun, werter Leser, wenn Sie ein solches Zeichen von oben empfangen, dann werden Sie wohl das tun, was alle machen: nach Hause gehen und einen Regenschirm holen. Sehen Sie, und daran erwies sich wieder einmal, wie sehr ich doch zum *capo* geboren war. Denn ich, Carlo-Enrico Grassa, wusste sofort, was mir der Himmel durch seine südliche Schwärze sagen wollte. Dass sie von dort kamen. Die Schwarzen. Und dort saßen. In Lampedusa und Pantelleria. Und nach Sizilien herüberschwappten. Und unseren Leuten die Arbeit wegnahmen. Und unseren Frauen die Ehre.

Also ließ ich mich in mein *ufficio* fahren, pfiff meine Medienreferenten herbei und goss meine Analyse in eine klare, politische Drei-Punkte-Presseaussendung zum Thema Schwarze:

1. Es gibt immer mehr Schwarze im Land, und die arbeiten auch alle schwarz.
2. Je mehr Schwarzarbeiter es gibt, desto schwieriger wird es für die wohlmeinenden Beschützer unserer Geschäftsleute, deren Finanzkraft richtig einzuschätzen.

3. Daher bekommen alle Unternehmer, die Leute beschäftigen, deren Hautfarbe dunkler ist als ein *caffé macchiato* in Zukunft von mir, dem *vice governatore*, keinen Auftrag mehr, keine *subvenzione* und schon gar keinen Betriebsbesuch!

Der *successo* dieser Idee war *incredibile*! Die von ihrer eigenen Gutheit besoffenen Flüchtlingshelfer aller Lager brüllten auf, die weltfremden *redattori* aller Medien hievten mich in ihre Leitartikel, ja sogar die *Unione Europea* in *Brussel* brabbelte irgendetwas von Verstoß gegen das Wettbewerbsrecht.

Leider musste ich meinen Plan aufgrund der *protesti* dieser *idioti grandi* zurücknehmen, aber ich hatte etwas viel Wichtigeres bewirkt. Ich hatte den alten Kampfgeist unserer *Partito della Libertà* wieder zum Leben erweckt. Und das im Alleingang. Ja sogar für die Männer an meiner Seite fiel dabei etwas vom Ruhm ab. Genauer gesagt für meinen *papà*. Denn weil er den *Africano* in unserem Geschäft anzumelden vergessen hatte, schaffte er es immerhin auf die Titelseiten der Regionalzeitungen …

Mir aber war klar, dass nun der nächste Schritt in meiner *carriera* erfolgen musste. Drei Jahre auf einem Sessel, das war wirklich genug. Nach diesem politischen Meisterstück musste mich Jorgo Aidero einfach zurück an seine Seite holen.

Ich packte daher alle wesentlichen Presseausschnitte zusammen und fuhr zu ihm.

Erwachen um Mitternacht. Nur 130 Kilometer sind es von Agrigento hinüber an die Nordküste, nach Palermo. Und doch ist es der Weg direkt ins Zentrum des sizilianischen Weltgeschehens. Je näher unsere Hauptstadt kam, desto freudiger schnurrten die zwölf Nockenwellen meines *Alfa Romeo Spider,* und als es dann hinunter ans Meer ging, waren sie weder durch mich noch durch irgendwelche bürgerfeindlichen Radarfallen zu halten. Ich schoss durch Roccapalumba und an Bolognetta vorbei, unbeirrbar durchschnitten meine Halogenscheinwerfer die laue Juni-Nacht des Jahres 1998, und meine Stimmung hob sich zusehends. Nie mehr wieder würde ich im primitiven Provinzfernsehen auftreten müssen, nie mehr wieder den vertrottelten *carnevale* von Villaccho besuchen müssen und dabei mit einem lustigen Hut auf dem Kopf pflichtschuldigst lachen, wenn minder begabte Possenreißer unbeholfene Reime über mich vortrugen!

„Wenn du beim Jorgo übernachtest, dann brauchst du gar nicht mehr nach Hause zu kommen!“, hatte die damals mit mir verheiratet sein dürfende Frau zum Abschied gesagt. Und auch das war gut so. Ich versuchte, Jorgo Aidero am *cellulare* anzurufen. Eine charakterlose Kunststimme teilte mir mit, seine Nummer sei im Augenblick nicht erreichbar. Er befand sich also offenbar noch auf Wählerbeschaffungstour. Also konnte ich ihn nachher daheim überraschen. Mit hundertfünfzig Sachen bretterte ich die Via Oreto hinein in die Stadt, rote Ampeln ignorierte ich wie gewohnt schon aus politischen Gründen, dann noch die Schikane über die Piazza Villena, und schon war ich da.

Den Wagen parkte ich selbstverständlich in zweiter Spur und steckte das in unseren Kreisen übliche Schild hinter die Windschutzsheibe: „*Amico di Jorgo* im Dienst!"

Ich schaute auf die Uhr. Es war fünf vor zwölf.

Die Schlüssel hatte ich ja noch. Flugs brachte mich der *ascensore* hinauf ins Penthouse, und ich schlich, man konnte ja nie wissen, ganz leise und ohne Licht zu machen ins Vorzimmer.

Im Halbdunkel schien alles wie gewohnt. Nur, wo waren meine Laufschuhe, die ich zurückgelassen hatte? Und auch mein Haarfestiger stand nicht wie gewohnt vor dem Garderobenspiegel. Aus dem Schlafzimmer drang Licht. Und Jorgos gedämpfte Stimme. Ich tastete mich hinüber und spähte durch den offenen Türschlitz.

Was ich sah, will ich nicht näher beschreiben.

Als eifriger Leser können Sie es sich ohnedies ausmalen, wenn ich Ihnen berichte, dass Jorgo drinnen im Zimmer soeben säuselte: „Ich wollte nur, dass du ja sagst. Denn ich möchte, dass du bei mir bleibst! Möglichst nah. Für immer und einen Tag!“

Meine Überraschung dauerte nur wenige Sekunden. Na gut, das ist eigentlich auch nicht schlecht so, dachte ich dann. Jetzt war ich Jorgo, diesem alten Sack, zu nichts mehr verpflichtet, und der immer nur leutselig Lachende da drinnen hatte ihn am Hals. Oder sonstwo.

Also stellte ich die mitgebrachte Flasche Sekt im Vorzimmer ab, natürlich nicht, ohne einen kleinen, humorvollen Zettel darauf anzubringen: „Ich hoffe, euch beiden schmeckt dieser *spumante* auch! *Arrivederci, Carlico!*“

Dann verließ ich Jorgos Wohnung so heimlich, wie ich sie betreten hatte.

Unten wählte ich eine Nummer, die sicher viele Leute hatten, aber ebenso sicher nur wenige anzurufen wagten.

Jemand hob ab: „*Prontov*?“

„*Buona sera*!“, sagte ich. „Meine Qualitäten wären jetzt doch bezahlbar. Sagen wir mit zweihundertfünfzig Millionen im Jahr …?“

„Bruttov oder nettov?“, fragte Franco Stronov.

Am Schreibtisch mit Volfgango

„Ja! Jaa! Jaaa!“ Das kauzige, kleine, mittlerweile auch schon vierundfünfzigjährige Männergesicht mutierte, maliziöse Miene machend zu einem geradezu genießerischen, geifernden Grinsen.

Ein langgezogenes „Jaaaa!“ noch. Dann ein letztes Zucken um die Mundwinkel. Schluss.

Einer, der politische Konzepte liest wie ein aufgeregtes Kind die „Sagen des sizilianischen Altertums“, stellte ich fest. Ich ließ ein Lächeln aber gar nicht erst aufkommen und blickte dezent zur Seite.

Er wäre begeistert, sagte er, nein: „Begeeeistert!“ Also würde alles gut werden, mehr noch: sehr gut. Noch mehr noch: seeehr guuut. Wieder einmal.

Ein richtiger *politico* bist du erst, wenn du dir einen ordentlichen *capo* aufgerissen hast, dachte ich. Und das hatte ich ja soeben ganz zufriedenstellend hingekriegt.

Nein, nicht böse sein, Jorgo, solltest du das hier irgendwo auf irgendeine Weise doch noch lesen können. Es war ernst gemeint, denn was soll man tun, wenn ein echter *padre grande* für einen jüngeren *uomo d'onore* so vorteilhaft sein kann? Speziell natürlich für einen so begabten wie mich. Und dann noch dieser eine, ganz spezielle, ältere *padre*!

Ich sollte an dieser Stelle erwähnen, dass sich die vorhin beschriebene Szene im *Palazzo di primo ministro* an der *Piazza Casa di Ballo* in Palermo zutrug. Ein Platz, an dem immer schon die ganz Großen Siziliens ihr Hauptquartier aufgeschlagen hatten, ehe sie sich anschickten, das Land zu beherrschen. Und mit dem Land seine Gesetze. Ganz große Sizilianer wie er. Und er, das war niemand anderer als Volfgango Scodella, der zwar nur einssiebzig messende, aber dennoch alle überragende capo der bestens vernetzten, sogenannten „Schwarzen Familie“, offizielle Bezeichnung *Partito del Popolo*. Seite an Seite kämpfend mit dem selbst die entlegensten Dörfer beherrschenden *Raiferro*-Agrarkonzern, massiv unterstützt von dessen in der *Corriere*-Gruppe gebündelten Medienmacht sowie mit exzellenten Kontakten zur mächtigen *Chiesa Cattolica*. Und genau zu dieser ehrenwerten *famiglia nera* hatte ich mir soeben dank meiner Leistungen das Eintritts-Ticket gelöst.

Es war ja auch höchste Zeit geworden, mit 31 Jahren. Doch ich will die Geschichte von Anfang an erzählen.

Franco Stronovs *Maksima*-Konzern engagierte immer nur absolute Top-Fachleute in Sachen Wurstfabrikation, neben mir etwa den früheren roten *primo ministro* Franco Vranicino und seinen Parteifreund Andrea Rudacci, später kamen dann Pietro Ovestovalle und Matteo Riccoli von der PDL und der schwarze Eriberto Paioli dazu, alles ausgewiesene Experten im Einsalzen, Räuchern und Pökeln, ohne Furcht vor kleinlich interpretierten Ablaufdaten. Stronov machte es eben mit Politikern so, wie er es mit den Würsten des Ostens gelernt hatte: vorne und hinten abschnüren, Preiszettel drauf – und auf den Markt damit! Eine Schule, in der ich mich gut aufgehoben fühlte. Meine Erfolge als stellvertretender *Maksima*-CEO für Human Resources, Public Relations und Sport Management blieben da natürlich nicht aus. Sport Management? Ja, denn Franco Stronov hatte beschlossen, seine Geschäfte um die größten Würstel Siziliens zu erweitern. Und das waren nun einmal unsere Kicker. Als früherer passionierter Fußballerbildchen-Sammler kannte ich mich da ja aus, und schnell gelangen mir mit dem *FC Sicilia Maksima Palermo* jährlich neue Rekorde im Trainer-Hire & Fire, sodass der Verein, auf dem langweiligen zweiten Tabellenplatz beginnend, bald um den weit spannenderen Abstieg mitspielte. Schließlich arbeitete ich dann auch noch an Francos Lieblingsprojekt, der „Kugelwurst", einem antivegetarischen Themenpark nahe unserer Konzern-Zentrale in Villagio di Sopravaltero. Eine Kathedrale für alles, was in einen Darm passte, sollte es werden, höher als das Ohr des Dionysos in Syrakus und erhabener als der Leuchtturm von Messina.

Da, inmitten dieser segensreichen Arbeit, läutete in meinem Büro das Telefon. Zufällig war ich gerade anwesend, also hob ich ab.

„Carlico!", schmeichelte die mir nur allzu vertraute Stimme Jorgo Aideros aus dem Hörer: „*Il mio caro amico*! Ich glaube, wir sollten endlich wieder einmal miteinander reden!"

„*Ciao bello*!", flötete ich zurück. Natürlich nicht, weil ich mich wirklich freute, sondern weil es das *programmare neuro-linguistico* so empfahl. Diese rhetorische Technik hatte ich seinerzeit wie alle *Partito della Libertà*-Funktionäre geflissentlich erlernt, und ihr zufolge ging es am Anfang eines Gesprächs immer darum, eine persönliche Beziehung herzustellen.

„Wo hast du denn so lange gesteckt?", fragte ich also mit einer für mich so typischen, witzigen Anspielung.

Jorgo kam gleich zur Sache. Bei der letzten Wahl, erklärte er mir wortreich längst Bekanntes, hätte er die PDL ja sensationellerweise auf Platz zwei geführt, knapp vor der *Partito del Popolo*, aber doch deutlich hinter den bisher regierenden roten *Democrati Sociali*. Und nun plane er, die Roten aus der Regierung zu verdrängen – und dem schwarzen Volfgango Scodella eine Falle zu stellen.

„Wir machen eine *coalizione* mit ihm. Machen ihn ein bisschen zum *primo ministro*. Und jagen ihn vor uns her, wie der *cacciatore* den Hasen, bis ihm die Luft ausgeht. Dann werden der *Raiferro*-Konzern und sein *capo* Cristiano Conradi einsehen, dass wir viel besser zur *famiglia* passen als die *Partito del Popolo*, und das Land gehört uns."

„*Va bene*", sagte ich, wohl wissend, dass nun gemäß *programmare neuro-linguistico* ein wenig Pacing, also ein paar Schritte parallel mit ihm, fällig waren: „Aber warum erzählst du mir all das? Ich habe es mir längst schon selbst so gedacht."

„Weil ich dich brauche, Carlico, *ti voglio bene*! Ich habe doch sonst lauter *wappli* in der Partei! Ein Gerri Miccha, ein „Francobello" Coloini, ein Pietro Ovestovalle ... die sind doch nicht *ministrabile*! Das ist mein Problem! Also was ist? Kommst du zu mir in die Regierung?"

Mir war sofort klar, dass jetzt der letzte, der entscheidende rhetorische Schritt folgen musste: das Leading, die Übernahme der Initiative.

„Jorgo, *mio carissimo*", sagte ich, „du hast kein Problem: Du bist das Problem! Es gibt in ganz Sizilien kein Bett, das noch breit genug für uns beide wäre!" Ich lehnte mich zurück. Genial, wie ich das hingekriegt hatte. Griffige Metaphern wie diese waren ebenfalls ein wichtiger Bestandteil jedes *programmare neuro-linguistico*. Und es geschah das scheinbar Unmögliche. Der große Jorgo Aidero war sprachlos.

„Du hast mich jetzt gerade sehr, sehr traurig gemacht, *amore* ...“, sagte der alte Fuchs dann, „... also: *Che cosa facciamo adesso?* Was sollen wir nun tun?“

Der Rest war, ganz im Sinne eines ordentlichen gesprächstaktischen Reframing, sehr einfach. Wir einigten uns darauf, dass weder er noch ich die PDL in die Regierung führen sollten. Sondern unsere augenblicklich amtierende Frauenquote, eine gewisse Susanna Risi-Pisi. Die war erstens eitel genug, zweitens die Miss Ahnungslos von Sizilien und würde sich daher drittens von uns freudig am Nasenring vorführen lassen. Jorgo sollte als vor Kurzem erneut gewählter *governatore* in Agrigento bleiben und ich, Carlo-Enrico Grassa, würde als *ministro delle finanze* das Drehbuch schreiben, die Regie führen und auch noch Hauptdarsteller jenes Films sein, den Sizilien in den nächsten Jahren zu sehen bekäme.

Es gibt schlechter verlaufende Gespräche.

Tja und deshalb saß ich nun da, im *Palazzo di primo ministro* an der *Piazza Casa di Balla* in Palermo. Vis à vis von Volfgango Scodella. Dem angehenden ersten sizilianischen Regierungschef von meinen Gnaden. Der soeben mein Wirtschaftskonzept für das Land studiert hatte. Und der sich jetzt vor Begeisterung kaum beruhigen konnte.

„Uuuh!“, sagte er, „Das ist guuut!“

„Ist auch von mir.“

Scodella stand auf und trat vor mich hin. Dabei reckte er seinen Körper zu voller Größe empor, sodass er fast bis auf die Höhe meiner Kinnlade reichte. Dann streckte er mir seine rechte Hand entgegen und meinte allen Ernstes: „Ich muss Ihnen das größte Kompliment machen, das ich überhaupt machen kann: Dieses Konzept könnte fast von mir sein."

„Ja", antwortete ich. „Fast." Ich schlug ein: „Volfgango, ich glaube, dies ist der Beginn einer wunderbaren Freundschaft."

3. KAPITEL

Im Reich der lebenden Märkte

Volfgango Scodella war in Sizilien ein ziemlich dicht beschriebenes Blatt. Sein Selbstbewusstsein verhielt sich verkehrt proportional zu seiner Körpergröße, weshalb er in Fachkreisen auch *il minimo leader* genannt wurde. Er war ein *giocatore*, ein Spieler, der frühzeitig erkannt hatte, dass es in der Politik nicht um Leben und Tod ging, sondern äußerstenfalls um Karriere oder Frühpension. Also hatte er seit seiner Jugend an allen politischen Pokertischen mitgeblufft, war dabei aber nur mäßig erfolgreich gewesen. Einmal, 1995, hatte er sogar den damaligen roten *primo ministro* Franco Vranicino herausgefordert und Neuwahlen vom Zaun gebrochen. Und wer weiß, hätte Vranicino – ein Mann, der seinen Erfolg hauptsächlich der Tatsache verdankte, dass er ungefähr so aussah, wie man sich einen *capo di governo* vorstellt –, hätte dieser Franco Vranicino also damals nicht den heiligen Kühen des Landes, den *pensionisti*, die immer wieder gern gehörte *leggenda* von ihren auf ewig gesicherten Renten erzählt, vielleicht hätte Volfgango Scodella schon damals den Sprung in den *Palazzo di primo ministro* geschafft. So aber war er wieder einmal nur Zweiter geworden. Und spätestens seit damals kochte in seinem Herzen der Wunsch nach Rache.

Nun aber, an der Wende zum dritten Jahrtausend, hatte er die Möglichkeit, mit Jorgo Aidero als Steigbügelhalter doch noch ganz hinauf aufs Pferd zu kommen, und da gab es für ihn natürlich kein Halten mehr. Und ich, Carlo-Enrico Grassa, war dazu ausersehen, diesem bissigen Streuner die Leine anzulegen.

Wie aber sollte ich das anstellen? Ein Blick hinunter zu ihm verschaffte mir Gewissheit. Denn bei genauer Betrachtung erkannte ich in der Tiefe dieses Volfgango Scodella plötzlich nicht mehr den taktisch geschickten Anführer einer verzopften, konservativen Partei, sondern vor mir stand – ein potenzieller Drachentöter!

Denn dieser geborene Centesimozähler hatte aus seinem Ekel vor allem, was links und rot und Staat ist, nie ein Hehl gemacht. Folglich hatte er sich in der *Partito del Popolo* den Mächtigsten an die Brust geworfen, dem Wirtschaftsflügel. Und die Herren im Nadelstreif, selbst von den Niederungen des politischen Alltags angewidert, nahmen diese Selbstauslieferung dankbar an. Sie boten ihrem Volfgango Ämter, Ansehen, Einladungen, Kontakte und möglicherweise auch Schauspielrollen für seine Tochter, was weiß ich. Hauptsache, er tat das, wofür sie zu faul waren, nämlich kandidieren, regieren und funktionieren.

Um sich ein jugendliches Image zu verpassen, klemmte sich Scodella statt ordentlicher Krawatten lächerliche *farfalle* unters Kinn und noch gewagtere Brillengestelle auf die Nase. Irgendwie peinlich! Zum Abschluss unserer Verhandlungen ließ er sich dann von Jorgo Aidero sogar freudestrahlend auf dessen Vespa vorführen. Auf dem Beifahrersitz! Welch eine *catastrofe apocalittica* in einer Medienlandschaft! Doch ein Volfgango Scodella steckte das ebenso unbeirrt weg wie die Tatsache, dass ihn das *Nuovo Corona Giornale* pausenlos prügelte. Ein politischer Masochist! Hauptsache, er war endlich *primo ministro*. Und als solcher dem roten Staat den Garaus zu machen, das musste sein nächstes Ziel sein. Wie der

Kniefall in meinem Schatten: Jorgo Aidero führt *primo ministro* Volfgango Scodella auf der Vespa als Beifahrer vor. – Catania, 2000

Held in seiner eigenen Sage. Und mein nächstes Ziel wiederum musste es sein, ihm beizubringen, dass unser Schwert im Kampf gegen den Drachen Staat den Namen *privatizzazione* trug und dass die Haie, denen wir den Kadaver des Drachen vorwerfen würden, sogenannte *azionisti,* Aktionäre also, waren.

Ich hoffe doch, man spürt aus meinen Worten die tiefe Sympathie, welche ich für Volfgango Scodella immer noch hege. Und das große Verständnis für ihn und seine Probleme. Gerade deshalb verdiente er ja meine Hilfe.

Der Mensch wird des Menschen Volfgango. Die erste Gelegenheit ergab sich am Freitag, dem 4. *febbraio* 2000, dem Tag der Angelobung unserer neuen PDP-PDL-*coalizione*, die dankenswerterweise von einer Menge Proteste seitens der dazu selbstverständlich Verpflichteten (in alphabetischer Reihenfolge u.a. Arbeitsscheue, Asoziale, Ausländer, Berufsdemonstranten, Besserwisser, Grüne, Kinderschänder, Landstreicher, Marxisten, Obdachlose, Sozialschmarotzer und Tagediebe) begleitet wurde. Sonst wäre es ja auch total langweilig gewesen.

Ich habe dieses Datum deshalb so genau im Kopf, weil kurioserweise am selben Tag in *Vienna* in *Austria* ebenfalls eine neue Regierung mit ähnlichen Gegnern ihr Amt antrat. Die Namen der dortigen Politiker habe ich begreiflicherweise längst vergessen, aber ich erinnere mich, dass der Präsident dieses netten, kleinen, für seine Mehlspeisen berühmten Landes eine sehr lange Nase hatte, die er gerne hoch hinauf in die Luft reckte. Und der schaute damals so richtig bitterböse. Sehr lustig. Als wir diese Szenen in der *televisione* sahen, glaubten wir anfänglich an eine Comedy-Show, aber die *austriaci* meinten das alles furchtbar ernst, ja sie mussten sogar durch einen unterirdischen Gang von ihrer eigenen Angelobung weggebracht werden.

Am Abend jenes denkwürdigen Tages saß ich als eben ernannter *ministro delle finanze* in meinem *ufficio* und probierte den ledernen Chefsessel mit vergoldeten Vanadiumrollen und integriertem Ayurveda-Massagesystem aus, den mir ein befreundeter Steuerberater geschickt hatte. Natürlich nicht als Bestechung, sondern aus Sorge um meine Gesundheit. Dann zappte ich ein wenig auf meinem nagelneuen Flachbildfernseher mit zwei Metern Bildschirmdiagonale herum. Heute eine Selbstverständlichkeit in jedem Schlafzimmer, aber damals gab es solche Dinger in Palermo genau an zwei Stellen. Im Stadion und hier. Eine kleine Dauerleihgabe zwar nur, aber von einer großen Investmentbank. Und leider ein bisschen zu voluminös für mein Büro. Deshalb hatte man ihn draußen auf dem Balkon abstellen müssen. Oh, da war ja auch ein neuer Computer! Sollte das etwa einer mit dem superaktuellen, superschnellen, superteuren 133-Megahertz Pentium III-Prozessor sein, den ich mir schon so lange gewünscht hatte? Tatsächlich! Ja von wem kam denn dieser Willkommensgruß …?

Plötzlich ging die Türe auf. Volfgango Scodella trat ein. Hatte der an einem solchen Abend nichts anderes zu tun?

„*Buona sera, signore presidente del consiglio dei ministri*!", lud ich ihn mit meinem wohlerzogensten Lächeln ein, Platz zu nehmen.

„Schöner Sessel", sagte er anerkennend aus der Tiefe meiner nach frischem Leder duftenden Besprechungslandschaft heraus.

„Hat den Steuerzahler nichts gekostet!", antwortete ich stolz. „Zum Probesitzen. Kommt von einer Consulting-Firma. Mit den besten Wünschen für gute Zusammenarbeit. Die einfachen Menschen draußen lieben mich nun einmal!"

„Mich auch", sagte Scodella trocken. Und da war sie. Meine Chance. Ich nützte sie traumwandlerisch sicher und blitzartig, indem ich entschlossen – schwieg.

„Was ist?", fragte Scodella ungeduldig. „Ich habe gesagt, dass mich die Menschen ebenfalls lieben. Wollen Sie nicht endlich ‚Ja!' darauf sagen?"

„Nein“, sagte ich.

„Sind Sie verrückt?“, fragte er.

„Nein“, wiederholte ich.

„Warum sagen Sie das?“, fragte er.

„Weil ich der Wahrheit verpflichtet bin!“, antwortete ich offen und ehrlich.

„Der Wahrheit verpflichtet?“, fragte er. „Dann erklären Sie jetzt sofort an Eides statt, dass mich die Menschen lieben! Und zwar alle!“

„*Onorevole*!“, setzte ich an. „Erkenntnistheoretisch würde der Satz ‚Alle Menschen lieben Sie‘. ... mich einschließen, aber leider kann ich zum gegenwärtigen Zeitpunkt nicht hundertprozentig bestätigen, dass der Satz ‚Ich liebe Sie.‘ auf mich, Carlo-Enrico Grassa zutrifft!“

Um ihn nicht gleich völlig zu zerstören, schluchzte ich an dieser Stelle ein bisschen verzweifelt und vergrub mein Gesicht in den Händen. Natürlich nicht, ohne zwischen zwei Fingern hindurch seine Reaktion zu beobachten.

„Was ist los mit Ihnen, Grassa?“, fragte er. „Geht ’s Ihnen gut?“

Die Gelegenheit war günstig. Also schluckte ich mehrmals beklommen, und dann ließ ich alles aus mir herausbrechen. „Nein, *padrone*, es geht mir ganz, gaaanz schleeecht! Bitte seien Sie mir nicht böse, aber ich halte es für meine Pflicht, Ihnen mitzuteilen, dass ich Sie bewundere, verehre, ja vergöttere wegen Ihrer unermesslichen Weisheit, wegen Ihres verblüffenden Scharfsinns und wegen Ihres inspirierten Klavierspiels. Aber lieben? Nein!“

Er wankte. „Ist das wirklich die Wahrheit?“, fragte er.

„Dic Wahrheit?“, stöhnte ich bitter. „Herr Premierminister! In Ihrer Position sagt Ihnen doch niemand mehr die Wahrheit. Außer mir natürlich. Oh, diese Duckmäuser, diese Feiglinge, diese Speichellecker, wie ich sie hasse! Dafür, dass sie mich zwingen, diese traurige Pflicht ganz alleine zu erfüllen!“

„Weiter. Weiter!“, flehte Scodalla.

„Sehen wir uns doch das Leben in unserem Land an!“, beschwor ich ihn. „Ist es nicht so, dass Dummköpfe, Arbeitsscheue und Schwächlinge uns Ehrlichen, Fleißigen und Tüchtigen auf der Tasche liegen? Gleicht unser Dasein nicht jenem im tiefsten Afrika, wo tatkräftige, gesunde Menschen die besten Stücke Fleisch mit Hyänen, Schakalen und Aasgeiern teilen müssen? Wo das Menschenleben bloß eine einzige Telefongebühr, eine einzige Post und wohl auch nur eine einzige Schuhgröße bietet? Wenn man dann überhaupt von Menschenleben sprechen kann!“

„So ist es“, sagte er.

„Und wenn wir weiter fragen“, bohrte ich weiter, „wer es denn nun ist, der uns in dieser grauenvollen Unmündigkeit hält, kommen wir dann nicht zu der Erkenntnis, dass es jener schreckliche, jede Eigeninitiative vernichtende Koloss namens ‚Staat' ist? Jenes blutsaugerische System, mit dessen Hilfe die marxistischen Bonzen ihre Fettbäuche füttern, und das die Hoffnungen und Sehnsüchte aller anderen Menschen gnadenlos vernichtet?"

„Ohne Zweifel", antwortete er.

Es lief also nicht schlecht. Ich fasste Volfgango Scodella an der Hand und führte ihn hinaus auf den Balkon. Ein Meer üppiger Lichtreklamen großer, staatseigener Firmen lag unter uns, als ich weitersprach:

„Ist es, *padre Volfgango,* nicht ein *scandalo*, wie dieser Moloch uns alle fesselt und knebelt, von der staatlichen Einheits-Geburtenklinik bis zum öffentlich-rechtlichen Massenfriedhof?"

„So ist es."

„Und ist es dann nicht an der Zeit, jenes Ungeheuer zu zerschlagen …?"

Weiter kam ich nicht.

„Sie meinen den bösen Drachen?", sagte er.

„Genau! Den Drachen, dessen grauenvolle Körperteile *Telecom Sicilia* und *Posta Siciliana* heißen, *Tabacchi Siciliani*, *Elettricità Siciliana, Sicilian Airlines* und so weiter …"

„Jawohl!", stimmte er mir zu. „Wir werden dieses Ungeheuer zur Strecke bringen, seine Leiche zerstückeln und seine kümmerlichen Reste ins Meer werfen, auf dass die Haie darüber herfallen und sie restlos verputzen!"

„Die staatlichen Eisenbahnen!“, schlug ich vor.

„Und die staatlichen Stahlwerke auch!“, antwortete er.

„Die staatlichen Bäume und Wälder!“, sagte ich.

„Und die staatlichen Wiesen und Felder!“, schrie er.

„Die *Casinò siciliani*!“

„Die *Mobilcom Siciliana*!“

„Das staatliche Versteigerungshaus *Doroteo*!“

„Und das staatliche Zwangsfernsehen *SRF* gleich mit!“, kreischte Scodella, mittlerweile völlig enthemmt. Dabei stemmte dieser so schmächtige Mann mit ungeahnten Kräften meinen riesigen, neuen Flachbildfernseher übers Balkongeländer und warf ihn wütend hinunter auf die Straße, wo er mit einem gewaltigen Krachen zerbarst.

Leider auf dem nagelneuen Maserati 3200GT, den Burcardo Conte, einer meiner Wahlonkel, unten für mich abgestellt hatte.

„*Primo ministro*“, sagte ich, „darf ich Ihnen etwas gestehen: Jetzt liebe auch ich Sie.“

Mit diesen schlichten Worten gelang es mir, den am ganzen Körperchen zitternden Volfgango Scodella einigermaßen zu besänftigen und zur Ausgangstür zu bringen, wo er mir dankbar die Hand schüttelte.

„Nur eines noch“, rief ich ihm nach: „Warum sind Sie denn eigentlich an einem Abend wie diesem ausgerechnet zu mir gekommen?“

Er drehte sich noch einmal um. Er zögerte. Dann murmelte er verschämt: „Weil ich Ihnen … nein: dir, Carlo-Enrico, eigentlich auch nur sagen wollte, dass ich dich …“ Er verstummte. Drehte sich weg. Und schon war er draußen.

Ich freilich wusste, was ich nun, nach diesen bewegenden Momenten, als erstes zu tun hatte. Ich rief meinen Stabs-Chef Matteo Angoloni an und sagte trocken: „*Tutto bene*. Bis auf eine Kleinigkeit: Sag Onkel Burcardo, er soll einen neuen Maserati vorbeischicken!“

Wirklich wunderbare Wasserträger. So legte ich in der Regierung also gleich einen tollen Start hin. Der wurde natürlich auch dadurch ermöglicht, dass mir Jorgo Aidero seitens der PDL die größten politischen Kanonen unserer Bewegung zur Seite gestellt hatte. Lauter wohlvorbereitete, hochmotivierte Profis, die vom ersten Augenblick an genau das taten, wofür sie gedacht waren: nämlich mich gut aussehen zu lassen.

Sie werden nun einwenden, das sei keine besondere Kunst! Doch Ehre, wem Ehre gebührt! Unsere Leute leisteten in dieser Beziehung wirklich Bewundernswertes!

Unsere erste *ministra sociale* beispielsweise hielt gleich volle acht Monate in ihrer neuen Funktion durch. Und das ohne nennenswerte Zwischenfälle wie Ideen oder gar Aktivitäten.

Von Anfang an kam ich in den wichtigsten Medien besser weg als mein Chef Volfgango Scodella. – *Nova Corona Giornale*, 2000

Dann zog sie sich in ihr privates *castello* zurück. Immerhin etwas, das man ihrem Nachfolger, dem gelernten *veterinario* Eriberto Capitalo, gar nicht erst zutraute, weil der sich dort wahrscheinlich genau so verirrt hätte, wie in den endlosen Weiten seiner Schachtelsätze, an deren Ende weder klar war, was er der Weltöffentlichkeit mitteilen hatte wollen, noch geschweige dessen, denn dem ob er das eigentlich grammatikalisch richtig getan können haben hätte oder doch: wollte? Einige Popularität erlangte er auch dadurch, dass er zwischendurch regelmäßig gegen Türen rannte, Laternenmasten übersah, über Stiegen fiel und Ähnliches.

Verkehrsminister stellten wir in diesen ersten Regierungsmonaten sicherheitshalber gleich drei, aber natürlich nicht gleichzeitig, sondern vernünftigerweise so schnell hintereinander, dass den Journalisten und Wählern die Mühsal erspart blieb, sich deren Namen merken zu müssen. Was übrigens bei unseren restlichen Regierungsmitgliedern ebenfalls nicht notwendig war, weil sie es durch besonnene, zurückhaltende Amtsführung von vornherein vermieden, den Papierverbrauch der Geschichtsschreibung in die Höhe zu treiben.

Warum ich dabei über unsere Fraktionsführerin, die *vice prima ministra* Susanna Risi-Pisi nichts Nennenswertes geschrieben habe, ist auch klar: Weil sie nichts dergleichen machte. Außer, man findet es nennenswert, wenn jemand auf Parteikosten Schuhe kauft.

Wirklich Aufsehen erregend verlief unsere Arbeit im Justizministerium: Da legte der erste neue Minister schon nach drei Wochen eine beeindruckende, von den Journalisten dankbar reportierte Depression hin und gleich darauf sein Amt nieder. Noch bevor er sein erstes politisches Ziel, einen Aston Martin als Dienstwagen, realisieren konnte. Sein Nachfolger wiederum überlegte, aufmüpfige Oppositionsabgeordnete ein wenig zu bestrafen – und das geschickterweise vor der internationalen Presse, was uns einmal mehr ein tolles Medienecho bescherte, und zwar in ganz Europa.

Jetzt hatten wir es endgültig geschafft. Denn nun hatten wir das, was wir am dringendsten brauchten: einen Feind von außen. Und die Sache lief wie geschmiert. Brüssel schickte ein paar abgetakelte Polit-Opas, die herausfinden sollten, ob Sizilien überhaupt noch eine Demokratie sei, Volfgango Scodella tauschte aus Protest die lächerlichen Fliegen an seinem Hals gegen anständige *cravatte* aus, und das Land hatte somit zwei Sensationen, zu denen es sich sattpalavern konnte. Es hätte nicht besser kommen können.

Das alles verschaffte mir den nötigen Windschatten, in dem ich endlich das machen konnte, wofür ich vom Schicksal ausersehen war: Jene Politik, die alle Menschen reich und glücklich machen würde. Dass ich dabei mit einigen wenigen beginnen musste – wen wundert 's? Kollateralvorteile liegen eben in der Natur jeder *Cosa Nostra*.

Liebling der Massen. Einen Staatshaushalt zu erstellen, ist ja eigentlich so simpel wie ein Einkauf im *supermercato*. Man legt der Kassierin das Geld auf den Tisch, das man so hat, und wenn es nicht reicht, gibt man ein paar silberne Löffel aus dem Familienbesteck drauf. Das können Sie, liebe Leserinnen und Leser dieses Buches, genauso wie ich. Das Einzige, was uns dabei unterscheidet, ist: Man muss es sich trauen. Sehen Sie, und deswegen können Sie es ja doch nicht. Ich aber kann es sehr gut. Das wurde mir von Anfang an in allen Meinungsumfragen bestätigt. Von Leuten wie Ihnen. *Molto gentile.*

Ich kündigte den Sizilianern also auf dieser wirtschaftswissenschaftlichen Grundlage zunächst schnell ein unmittelbar bevorstehendes Mehroderwenigerplusminusnull-Defizit an, und dann konnte ich mich in Ruhe wichtigeren Dingen zuwenden: meinem Image.

„Hey“, sagte ich also während einer Stabsbesprechung in meinem Büro, „lasst uns im Internet einen Ort schaffen, an dem die Leute alle wesentlichen *informazioni* über mich finden: Wie gut ich bin, dass ich täglich besser werde und dass nur ich selbst mich noch übertreffen kann. Mit schönen, bunten Bildern. Und lasst uns das Ding *pagina di patria* nennen und ihm die Adresse *www.carloenricograssa.si* geben! Ist diese Idee nicht *megafreddo*?“

„Du bist einfach ein Multivisionär! Wie immer!“, rief mein Büroleiter Matteo Angoloni anerkennend. „Aber woher nehmen wir die *gechi* dafür?“ (*Gechi* = ital. für „Geckos“, hier, ähnlich wie im Deutschen das Wort „Kröten“, umgangssprachliche Bezeichnung für „Geld“. Anm. d. Ü.)

„Geh zu unserer sizilianischen *associazione dell' industria*!“

„Die sollen das bezahlen?“, fragte er.

„Sie dürfen es uns schenken. Außerdem sparen wir dann die Steuer!“

„Steuer sparen kommt bei einem *ministro delle finanze* immer gut!“, nickte mein Stabs-Chef anerkennend. So kam es also, dass ich, Carlo-Enrico Grassa, damals etwas erfunden habe, was das Internet seither revolutionierte. Eine böse Überraschung gab es allerdings, als wir die Idee patentieren lassen wollten. Da behaupteten doch die Amerikaner glatt, sie hätten den Einfall schon vor mir gehabt und die Sache „Homepage“ genannt. Weshalb ich nie einen einzigen Dollar Lizenzgebühren gesehen habe, geschweige denn ein paar Milliarden! Und für das Wort *megafreddo* auch nicht, zu dem sie heute überall „megacool“ sagen.

Es ging also beim Projekt *www.carloenricograssa.si* immer nur ums Forschen und Entwickeln! Dabei entstehen natürlich immer besonders hohe Kosten: Koordinationskosten, PR-Kosten, Pilotkosten, Reisekosten, Informationen müssen fließen, Kanäle und Ventile geöffnet beziehungsweise geschlossen werden, alles sehr kompliziert, Sie verstehen?

Nein, Sie verstehen das nicht, aber für diese Spezialaufgaben gewannen wir den heute in ganz Sizilien einschlägig bekannten *lobbista* Pietro Altocanto. Vor allem, weil der damals sowieso ständig in meinem Vorzimmer herumsaß und alleine dadurch sein Gespür für den richtigen Zeitpunkt und den richtigen Ort bewies.

Außerdem verursachte eine solche *pagina di patria* zu meinen Ehren natürlich auch exorbitant hohe Programmierkosten! Immerhin waren mehrere Fotos darauf unterzubringen, davon eines mit Hund! Der Techniker verrechnete uns vier Busfahrscheine und zwei Take-away-Pizzas! Weshalb wir den Industriellenverein am Ende mit mehr als 200.000 Euro zur *cassa* bitten mussten.

Aber das hatte es diesen Geldsäcken einfach wert zu sein, wenn unsere Insel nicht weiterhin nur von Sonne und Zitronen und kaputten Ruinen leben sollte!

Ich beschreibe das hier so genau, weil es beweist, dass ich damit überhaupt nichts zu tun hatte. Sondern nur mein Büroleiter. Mit dem ich wiederum nichts zu tun hatte.

Oh, wie habe ich, Carlo-Enrico Grassa, mich in diesen Leute getäuscht! Wie wurde ich von ihnen getäuscht! Und wie bin ich heute von ihnen enttäuscht!

Damals freilich liefen die Dinge noch rund, und so konnte ich anlässlich meiner ersten, heiß ersehnten Budget-Rede selbstbewusst und siegesgewiss vor das sizilianische Parlament hintreten.

Ich begann mit den Worten „Hohes Haus! Ein saniertes Budget ist geil …!“ – Der Rest ging in begeistertem Jubel all jener unter, deren ökonomisches Wissen gerade einmal bis zur Anschaffung einer Flasche Wein reicht.

Niederkunft einer Wende. Wenn ich geschrieben habe, dass die ökonomischen Kenntnisse der meisten Sizilianer beim Kauf einer Flasche Wein enden, so traf das auf Volfgango Scodella, den Premierminister, selbstverständlich nicht zu. Eine solche Investition überstieg sein Fassungsvermögen. Geistig wie körperlich. Deswegen hatte er ja auch sein halbes Leben unter Kerzenschluckern und in der Bürokratie zugebracht. Und jetzt wusste er nicht, was er tun sollte.

„Ich stehe vor dem Drachen, was soll ich nur machen?“, fragte er mich immer wieder.

„Bessere Reime“, beschied ich ihm.

„Das *Nuova Corona Giornale* quält mich mit Hieben. Tu irgendwas, damit diese Leute mich lieben!“

„Schon besser“, nickte ich anerkennend. Man ist ja nicht so. Er brauchte also wieder einmal mein Coaching. Na gut, das konnte er haben: *„E l'economia, stupido!“*, sagte ich. Schon wieder so eine glanzvolle Formulierung, die mir der heute längst vergessene Ehemann einer amerikanischen Politikerin schon zehn Jahre zuvor gestohlen hatte. Ich wusste, meine Anweisungen durften maximal fünf Punkte umfassen. Mehr Finger hatte Volfgango Scodella nicht an einer Hand, und darüber hinaus wäre das Zählen etwas kompliziert geworden.

„Pass auf!“, zog ich ihn an mich heran. „Der Weg zu unserer Unsterblichkeit geht so: Erstens trommeln wir, dass der Staat ein schlechter Geschäftsmann ist. Zweitens verklopfen wir alle staatlichen Unternehmen an der Börse. Drittens privatisieren wir die staatlichen Pensionskassen. Viertens befehlen wir diesen privaten Kassen, mit dem Geld der Beitragszahler in sizilianischen Aktien zu spekulieren, und fünftens lassen wir uns als Väter des Kursfeuerwerks von Palermo feiern!“

„Und das *Nuova Corona Giornale* wird mich dann auch lieben?“, fragte er zweifelnd.

„Der alte Giovanni Diccando ist einer der reichsten *padrone* Siziliens. Was glaubst du, wie das Vermögen solcher Leute gleich mit explodiert!“

„Aber was ist mit den *Notize di Bassa Sicilia*?“, rief er erschrocken (= „Niedersizilianische Nachrichten“, Anm. d. Ü.).

„Die lieben dich dann ganz besonders! Die gehören doch der Diözese San Ippolito und der *Raiferro*! Das sind doch genau die Leute, die jetzt schon Aktien haben und doppelt profitieren!“

„Und Cristiano Conradi wird mich dann endlich wieder grüßen?“

„Mehr noch, er wird dich sogar auf ein Wildschwein einladen!"

„Mit Preiselbeeren?"

„Nein. Mit der Repetierbüchse. Aber du schaffst das!"

„Ja, ich schaffe das!" Endlich blitzten seine Äuglein wieder kampfeslustig hinter den Brillengläschen hervor: „Wer einen Drachen töten kann, der kann auch richtige Sauen abknallen! Carlo-Enrico, du wirst stolz auf mich sein, Sizilien wird stolz auf mich sein, das Universum, die Vulkanier und die Klingonen werden stolz auf mich sein!"

Es war ein *momento storico*. Mehr als nur ein kleiner Schritt im Leben eines kleinen Premierministers, nein, ein Riesenschritt in der Geschichte unserer Insel. Doch halt! Eine wichtige Frage galt es noch zu klären:

„Wir stehen vor großen Geschäften, Volfgango", gab ich zu bedenken, „und ich hoffe doch, dass du dir darüber im Klaren bist, dass davon ein guter Teil auf mein *conto* geht!"

„Wie meinst du das?", fragte er.

„Wortwörtlich. Und bei deiner Antwort schau mir jetzt bitte in die Augen …" Ich unterdrückte das Wort „Kleiner".

„Leistung muss sich lohnen!", sagte er. „Wenn du unser Sizilien aus den Klauen des grässlichen staatlichen Drachen befreist, dann soll es dein

Schaden nicht sein!" Und er eilte zum nächsten Termin. Freilich nicht, ohne beim Hinausgehen zu seufzen: „*Dio mio*, ich bin *geniale!* Dank sei dir, oh Herr!"

„Keine Ursache!", winkte ich bescheiden ab.

Ja, so effizient wurden damals Entscheidungen getroffen. Oder wenigstens überlassen. Sogar von Volfgango Scodella. Oh, wie habe ich mich auch in ihm getäuscht! Wie wurde ich auch von ihm getäuscht! Und wie bin ich heute auch von ihm enttäuscht!

Doch noch war es nicht so weit. Ich hatte doch tatsächlich das scheinbar Unmögliche vollbracht! Ich hatte einen jahrhundertealten, sehnlichen Wunsch meiner braven Sizilianerinnen und Sizilianer erfüllt! Ich hatte die Weichen für ein modernes, selbstständiges, dynamisches Leistungs-Sizilien gestellt. Von nun an würde alles wie geschmiert gehen! Daher rief ich zwecks Erholung gleich ein paar Freunde an.

„*Amici!*", schlug ich ihnen vor. „Wir sollten in nächster Zeit öfter etwas miteinander unternehmen. Ganz privat. Zum Beispiel ordentlich Angeln gehen. Ich denke, die Fische werden jetzt gut anbeißen."

Meine Greatest Hits. Ja, ich wurde ein richtiggehender Pop-Star damals. Natürlich vertrauenswürdiger und erfolgreicher als die echten, aber doch mit allen Begleiterscheinungen, und damit meine ich nicht etwa Sex und Drugs und Rock'n'Roll. Denn Rock'n'Roll bedeutete mir nie besonders viel.

Und meine wichtigsten Drogen hießen Privatisierung und Outsourcing, Going Public und Aktientranchenbegabe, Wandelanleihenemission und natürlich Zinsfloor und Zinscap bei klassischer Anwendung der Cash-and-Carry-Arbitrage. Und vollgepumpt mit denen setzte ich die nächsten Maßnahmen:

- So konzentrierte ich zwei Hände voll Aufsichtsratsposten in einer einzigen Hand. Und die brauchte nur drei Finger. Diese Finger hießen: Eriberto Coflerio, Burcardo Conte und Ernesto Carlo Plecho. Coflerio hatte sich ja schon mithilfe meiner Diplomarbeit profiliert. Wahlonkel Conte half, wie Sie wissen, mit seinem Maserati als Einkaufswagen für meine Begleiterinnen aus, und Pleccho genoss als Immobilienspezialist bei mir sowieso höchstes Ansehen. Spätestens seit ich in einer seiner Innenstadtwohnungen von Palermo ein angemessenes Obdach gefunden hatte.

  So wenige Leute auf so vielen Sesseln – wie sparsam! Diese Leistung wurde vom Guinness-Buch der Rekorde bisher nur deshalb nicht gewürdigt, weil es dort keine Wertung fürs Aufsichtsratspostenverteilen gibt!

- Ich warf auch unsere staatlichen Wälder auf den Markt. Die Bäume danken es mir bis heute mit zehn Prozent mehr Wachstum. Endlich werden sie nicht mehr zu Tode bürokratisiert und zwangsverwurzelt. Und die Käufer danken es mir auch, denn um den Preis eines Baumes hätten die damals sonst gerade einen Zahnstocher bekommen.
  Diese Leistung wurde von der internationalen Forstforschung bisher nur deshalb nicht gewürdigt, weil sie bisher noch nicht gewürdigt wurde.
- Dann privatisierte ich die staatlichen Tabakwerke. Mittlerweile stellen sie keine einzige Zigarette in Sizilien mehr her, womit ich mir auch als Gesundheitspolitiker große Verdienste erwarb. Außerdem gehören sie dem koreanischen Staat.
  Wenigstens diese Leistung wurde international gewürdigt. Leider nur in Korea.

„Velocità uccide!“, sagten wir damals. Dieser Slogan war uns von den Amis übrigens schon abgekupfert worden, bevor wir ihn überhaupt erfunden hatten: „Speed kills!“ – Vor allem natürlich jeden Widerstand. Und das musste auch so sein, denn es ging ja um mein Leitprojekt, das Mehroderwenigerplusminusnull-Defizit. Oder, in der Sprache von uns Finanz-*ingegneri* gesagt, um eine Berechnungsmethode, die „das darstellen“ konnte.

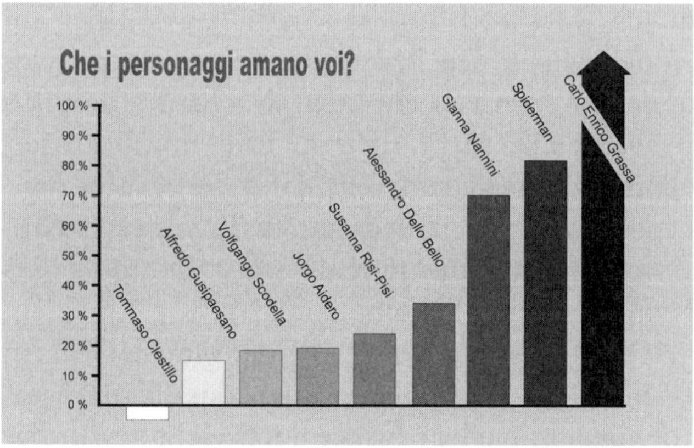

Bei Beliebtheits-Umfragen gelang mir erstmals in der Geschichte der Meinungsforschung ein Wert über 100 Prozent. – *Istituto Galuppino*, 2003

Ich legte also zunächst einmal das Geld auf den Tisch, das ich so hatte. Als das nicht reichte, verscherbelte ich die staatliche Druckerei, die *Banca della Posta*, einen Großteil der *Telekom Siciliana* und des Flughafens Palermo. Mit Hilfe dieser sicherlich auch Sie beeindruckenden Maßnahmen senkte ich bereits in meinem ersten Regierungsjahr die Staatsverschuldung von 139 Milliarden Euro auf 142 Milliarden, anders gesagt von 66,5 Prozent auf 67,1 Prozent des BSP, des Bruttosizilienprodukts!

Als das nicht reichte, warfen wir das antiquierte, staatliche Versteigerungshaus auf den Markt und die unbrauchbaren, staatlichen Stahlbuden. Als das immer noch nicht reichte, holte ich mir noch Geld von den Gewerbetreibenden, den Autofahrern, den Passbesitzern, den *province* und den *communità*. Und als selbst das nicht reichte, ließ ich noch ein paar unserer völlig veralteten, überflüssigen, nichtsnutzigen Gold- und Devisenreserven verhökern. Am Ende stand dann eine schwarze *zero* unterm Budget-Strich. Sie sehen: Ich, Carlo-Enrico Grassa stehe zu meinem Wort. Wenigstens zwölf Monate lang. Und im Übrigen bin ich der Meinung, dass Kreativität auch vor einer so trockenen Materie wie der Buchhaltung nicht Halt machen darf!

Schon im Jahr 2004 legte ich dann neuerlich einen ausgeglichenen Staatshaushalt vor. Mit 1, 2 Prozent Defizit, aber immerhin. Das schafften von meinen Amtskollegen in ganz Europa nur die, die es schafften. Und die anderen hatten naiverweise lästige Zuschussbetriebe wie die Staatsbahnen hineingerechnet. Ich nicht.

Warum diese *successi* heute nicht mehr ausreichend gewürdigt werden, kann übrigens nicht einmal ich erklären, aber hätten diese kleingeistigen *eurocrati* in Brüssel meine Schöpfungen anerkannt, dann hätte ich mein Ziel auf Dauer erreicht! Und ich hätte aus unserem Land eine blühende Oase vom Schlage Griechenlands, Irlands und Portugals gemacht!

Klarerweise hatte meine Politik auch Gegner. Die waren entweder ewiggestrige Linke oder ewigvorgestrige Christlichsoziale. Zudem meist hässlich, fett, schlecht gekleidet und hatten strähnige, ungepflegte Haare sowie keine Ahnung von irgendetwas. Ihre kleinlichen Nachrechnereien verdampften an mir selbstverständlich wie ein Wassertropfen am Vulkan Stromboli.

„Was wollt ihr denn?“, sagte ich zu ihnen in meiner unnachahmlichen, pointierten Art: „Die Erstellung eines Staatshaushaltes ist nun einmal nicht so simpel wie ein Einkauf im *supermercato*!“

Meine Greatest Hits, Vol. 2. „Tue Gutes und rede darüber“, ist ein alter Leitspruch im Management, und das konnte in meinem Fall nur bedeuten: „Tue das Beste und rede so schön darüber, wie du bist!“ Also machte ich mich nach meinen ersten Erfolgen auf, hinaus zu den Leuten. Um deren Huldigungen entgegenzunehmen. In mehreren Vorträgen erklärte ich den Menschen in *tutta la Sicilia*, wer ich war, ging dabei sogar auf das Thema Politik ein, und am Ende konnte mir das Publikum in einer Abstimmung wahlweise seine Sympathie oder seine Zuneigung aussprechen. Ja, ich bekenne: Ich, Carlo-Enrico Grassa, war mir damals nicht zu gut, um in der Stadthalle von Corleone zu sprechen, im *stadio communale* von Marinella und im Wirtschaftskammersaal von Militello in Val di Catania Dopo

Bosco di San Giovanni da Punta! Auch das mit sensationellem Erfolg. Im Publikum kam es immer wieder zu hysterischen Anfällen völlig enthemmter Jung-Unternehmerinnen.

Dass solche Roadshows für Klein- und Mittelbetriebe natürlich nicht von irgendwelchen dahergelaufenen Beamten meines Ministeriums organisiert werden konnten, versteht sich ja wohl von selbst. Also bediente ich mich der Hilfe meines mittlerweile auch schon alten *amico* Pietro Altocanto. Ein solches PR-Genie hatte klarerweise auch hier seinen Preis. Doch ich passte auf! Als er mir abschließend die Rechnung präsentierte, fragte ich beinhart: „Sag mir die Wahrheit: Mehr als zwei Millionen für zehn Auftritte mit einer Power-Point-Präsentation, das sind doch ziemlich teure Mausklicks. Ist das wirklich angemessen?"

„Ja", sagte er.

„Na *bumsti*!", antwortete ich kritisch.

In dieser Phase der Neuerfindung Siziliens kam mir natürlich zugute, dass ich immer schon ein blendender Formulierer war. „*Un Grassa – molte grandi parole*", sagte man bald über mich. Und große Worte schuf ich viele in diesen Tagen. Neben meinem Mega-Erfolg „Ein saniertes Budget ist geil!" zählen heute noch tiefsinnige Sager wie „Erfolgsrezepte müssen erfolgreiche Rezepte sein!" zu jenen Weisheiten, die heutzutage bei uns

Bei meinen Roadshows für Klein- und Mittelbetriebe kam es zu hysterischen Sympathiekundgebungen völlig enthemmter Jung-Unternehmerinnen. – 2002

daheim jeder Volksschüler im Mund führt. An der Fassade meines Ministeriums ließ ich damals eine große Uhr anbringen. Sie zeigte an, wie lange ich schon *ministro delle finanze* war; und mit jeder Sekunde schien das allgemeine Wohlbefinden zu steigen.

Ja, meine Bemühungen fielen überall auf fruchtbaren Boden: Vormals teilnahmslos vor sich hindümpelnde Olivenbauern kehrten plötzlich ins Leben zurück und legten sich Portfolios mit hochspekulativen Finanzderivaten zu. Wasserskilehrer handelten nebenbei mit Aktien, Futures und Forwards. Fremdenführerinnen und Zimmermädchen widmeten sich nicht mehr den Fremden und den Zimmern, sondern ihren Differenzgeschäften und Zero-Bonds, Tankwarte wurden in mehrstündigen Seminaren zu Vermögensoptimierern, Zahnärzte zogen Wandelanleihen statt Wurzeln, und Lehrerinnen widmeten sich statt langweiligen Hausübungen den viel spannenderen synthetischen Floatern. Ihre Schüler wiederum erwarben vom Taschengeld anstelle von *gelati* viel schmackhaftere Genuss-Scheine, und in den Bars pfiff man anerkennend der Performance neuer Investmentprodukte hinterher, anstatt wie bisher den *ragazze*.

Die Bahn und die Wohnbaugesellschaften machten mit Finanztransaktionen bald mehr *moneta,* als mit altmodischen Zügen und Häusern. Wer noch ein Fischernetz oder einen alten Kutter sein Eigen nannte, der verscherbelte dieses Gerümpel, um in einen Hedge-Fonds einzusteigen, und wer das nicht besaß, der nahm eben einen Kredit dafür auf.

Mit einem Wort: Binnen kurzem glich Sizilien einem Schlaraffenland. Es kam, wie ich vorhergesagt hatte: Alle fühlten sich als Kinder dieses neuen Wirtschaftswunders, und die Zwischenhändler zahlten sich entsprechende Management-Fees, *boni* und *honorari* aus. Durch mich lebten sie wie die Maden im *prosciutto*, die Börsenkurse explodierten, die Widerstände meiner Gegner implodierten, und alle, wirklich alle applaudierten!

Oh, wie habe ich, Carlo-Enrico Grassa, mich in ihnen getäuscht! Wie wurde ich von ihnen getäuscht! Und wie bin ich heute von ihnen enttäuscht!

Endlich über den Dingen. Habe ich vorhin von altem Gerümpel gesprochen? Auch ich persönlich litt darunter. Doch mein altes Gerümpel hatte zwei Namen: Jorgo Aidero und die *Partito della Libertà*! Ich fühlte: Ich musste die beiden aus meinem Leben entsorgen. Denn längst stand ich weit, weit über den kleinen, innenpolitischen Dingen, längst gehörte ich der ganzen Welt, und längst war klar, dass der Anzug eines Finanzministers für mich auf die Dauer zu *piccolo* sein würde. Meine persönlichen Kursziele mussten heißen: *Primo ministro*, *presidente dello stato* und in weiterer Folge Chef einer Weltregierung oder überhaupt gleich alles zusammen in einer Person.

Als nächste Sprossen auf dieser Erfolgsleiter eigneten sich Volfgango Scodella und seine *Partito del Popolo* natürlich viel besser, als die dumpfen Schrumpfköpfe der PDL.

Es musste also etwas geschehen, damit etwas geschah! Und das, was ich geschehen ließ, hat seither als sogenannte „Grassa-Rochade" in der politischen Taktik geradezu Kultstatus erlangt:

Im ersten Schritt informierte ich Jorgo Aidero darüber, dass die Zusammenarbeit mit der schwarzen Scodella-Familie unerträglich geworden sei und uns Brave, Ehrliche und Heimattreue auf die Dauer ruinieren würde: „Dieser Scodella zwingt mich, eine schweinische Politik für seine geldgierigen Schweine zu machen!“, klagte ich. „Wir enttäuschen unsere fleißigen, kleinen Wähler, denen ordentliche Ausländerfeindlichkeit immer noch wichtiger ist, als irgendein schweinischer Aktienkurs! Jorgo, du bist meine letzte Rettung! Befreie mich! Lass ihn uns gemeinsam sehr, sehr traurig machen und ihm einen Tritt in seinen *stronzo* geben!“

„Und was habe ich davon?“, fragte er.

„Neuwahlen“, sagte ich. „Die gewinne ich dir. Danach wirst du endlich das, was du immer sein wolltest: *primo ministro*! Und kannst mich als deinen Nachfolger aufbauen!“

Jorgo strahlte. „Carlico! Wenn du das schaffst, dann soll zwischen uns wieder alles so sein wie früher!“

„Was immer ich gemacht habe, ich habe es für dich getan“, antwortete ich. „Du weißt, du bist mein Lebensmensch!“

Gesagt. Getan. Dieses elegante, kleine Manöver ging als *putscho di Campoknittlo* in die sizilianische Geschichte ein. Auf dessen Höhepunkt ließen wir einen südsizilianischen Kleinhirnbesitzer den Koalitionspakt mit der feindlichen *famiglia nera* zerreißen, und alles war *paletti*.

Im zweiten Schritt informierte ich Volfgango Scodella darüber, dass die Zusammenarbeit mit dieser Aidero-Familie unerträglich geworden sei und uns Moderne, Fleißige und Intelligente auf die Dauer ruinieren würde: „Dieser Aidero zwingt mich, eine schweinische Politik für seine engstirnigen Schweine zu machen!“, klagte ich. „Wir enttäuschen unsere tüchtigen, leistungsorientierten Wähler, denen ordentliche Aktienkurse immer noch wichtiger sind, als irgendeine schweinische Ausländerfeindlichkeit! Volfgango, du bist meine letzte Rettung! Befreie mich! Lass uns gemeinsam Aidero sehr, sehr traurig machen und ihm einen Tritt in seinen *stronzo* geben!“

„Und was habe ich davon?“, fragte er.

„Neuwahlen“, sagte ich. „Die gewinne ich dir. Danach wirst du endlich das, was du immer sein wolltest: König der Herzen! Und kannst mich als deinen Nachfolger aufbauen!“

Volfgango strahlte. „Carlo-Enrico! Wenn du das schaffst, dann wird zwischen uns nichts mehr so sein, wie es bisher war!“

„Was immer ich mache, ich mache es für dich“, antwortete ich. „Du weißt, du bist mein Lebensmensch!“

Ebenfalls gesagt. Ebenfalls getan. Dieses noch elegantere, kleine Manöver ging als mein Austritt aus der PDL in die sizilianische Geschichte ein, und ich hatte endgültig die *curva* gekratzt.

Im dritten Schritt der „Grassa-Rochade“ brauchte ich mich dann nur mehr zurückzulehnen und das Geschehen erste Reihe fußfrei zu genießen. Ich trat im folgenden Wahlkampf als parteiloser Experte mit meinem eigenen Kürzel „CEG“ am Revers an. Ich und Scodella zertrümmerten die Aidero-*famiglia*, und alles war *in burro*.

Was immer bei den anderen jetzt auch geschah, ob sie sich stritten oder vertrugen und wen mit wem gerade welches Verhältnis verband: Ich hatte damit nichts mehr zu tun.

Mehr privat, nicht nur für den Staat.

Mein Wirken wurde nun endlich auch durch entsprechende öffentliche Ehrungen anerkannt. 2003 erhielt ich, gerade einmal 33 Jahre alt, die *Grande Medaglia d'Oro con il Nastro per la Provincia di Sicilia*. Auch das selbstverständlich als jüngster jemals Geehrter.

Doch nicht einmal ich, Carlo-Enrico Grassa, kann jeden Tag sechsunddreißig Stunden lang die Welt im Allgemeinen und Sizilien im Besonderen verbessern. Nein, ein wenig Privatleben muss sein, sonst geht man ja seelisch vor die Hunde. Und da kamen für mich praktisch nur mehr Auslandsreisen in Frage, denn daheim war ich viel zu sehr *persona grata*. Ich bewies freilich auch in diesen Dingen mein Fingerspitzengefühl. Es waren niemals die großen, glamourösen Reiseziele, welche mich anlockten, etwa eine Wanderung im Apennin oder die Strände von Rimini. Nein, ich mochte es lieber bescheiden!

So richtig wohl fühlte ich mich nur in der ländlichen Atmosphäre des Formel-I-Grand Prix von Monaco, wohin mich mein alter Gönner Franco Stronov in seinem kleinen, zwölfstrahligen Privatflugzeug entführte, oder in entlegenen Bergdörfern wie Sankt Moritz, das ich auf Anregung der *Constantino*-Bank kennen lernen durfte.

Ich schreibe hier bewusst „auf Anregung"! Denn nach jeder Reise ermahnte ich meine Begleiter: „Ihr schickt mir aber schon eine Rechung, ja?"

Und jedes Mal lachten sie: „Ja, ja ..."

Oh, wie habe ich, Carlo-Enrico Grassa, mich in ihnen getäuscht! Wie wurde ich von ihnen ... aber ich glaube, darauf muss ich nicht mehr extra hinweisen!

Besonders ungezwungen und unbeobachtet fühlte ich mich aber vor allem dort, wo ich schon als Kind meine ersten Erweckungserlebnisse hatte: am Meer. Und da natürlich unter gleichgesinnten Freigeistern auf hoher See, etwa an Bord der heimeligen 1000-Fuß-Stretchjacht meines Freundes Giulio Mioli, mit der wir gerne durchs Mittelmeer kreuzten.

Dass bei solchen Anlässen über Politik und Geschäft gesprochen wurde, kann ich ausschlie-

An Bord der schmucken Jacht meines Freundes Giulio Mioli traf ich nicht mit dem berüchtigten Spekulanten Volfgango Flottolino zusammen! – 2005

ßen, es sei denn, man nennt es Geschäft oder gar Politik, wenn sich ein Franco Stronov für eine verstaatlichte Fabrik interessiert, oder eine Bank einem ihre neuesten Finanzierungsangebote unterbreitet. Das sind für diese Leute Privatsachen! Ganz besonders aber schmerzt mich der Vorwurf, ich sei während unserer Segeltörns mit dem in ganz Sizilien übel beleumundeten Investment*banchiere* Volfgango Flottolino zusammengetroffen, der die Gewerkschaftsbank *Banca per Economia e Lavoro* tatkräftig redimensioneren geholfen hatte, weshalb wir sie schweren Herzens an ausländische Heuschrecken verkaufen und damit den Roten ihre ökonomische Basis entziehen mussten. Ich schwöre, wäre ich ihm irgendwo über den Weg gelaufen, ich hätte diesem feinen Herrn gegenüber mit meiner Meinung nicht hinter dem Wellenberg gehalten!

Ich sage immer: Eine Familie kann man verlassen, aber Freunde kann man sich nicht aussuchen. Daher konnte ich nicht verhindern, dass Giulio Mioli diesen Flottolino mit an Bord nahm. Aber ich lege Wert auf die Feststellung, dass ich dann immer draußen in einem kleinen Schlauchboot der Mioli-Jacht nebenher ruderte, um nur ja nicht denselben schwankenden Boden zu betreten, wie solche gerichtsbekannte Figuren. Sogar das Essen ließ ich mir in Plastikbehältern über die Wellen herüber treiben, was der Qualität einer Crème brûlée oder eines Omelette surprise nicht eben zuträglich ist.

„Anfüttern“ schmeckt jedenfalls anders!

Am Telefon mit „Maisi"

„Aha! Ahaa! Ahaaa!" Die immer fröhliche, immer unternehmungslustige, stets leutselige und mittlerweile auch schon fünfundvierzigjährige Männerstimme äußerte sich auffallend anerkennend angesichts meiner allerneuesten Andeutungen.

Ein langgezogenes „Ahaaa!" noch. Dann ein tiefes Atemholen. Noch eines.

Einer, der bei vertraulichen Gesprächen viel redseliger ist, als man es eigentlich sein sollte, stellte ich fest. Jetzt ließ ich ihn kommen.

Er wäre zufrieden, sagte er, nein: „Zufrieeeden!" Also waren meine Angaben gut gewesen, mehr noch: sehr gut. Noch mehr noch: seeehr guuut. Wieder einmal.

Ein richtiger *compagno* bist du erst, wenn du Partner hast, die dein Schicksal mit dir teilen, dachte ich. Und das hatte ich ja soeben ganz zufriedenstellend hingekriegt.

Nein, nicht böse sein, Volfgango, solltest du das hier irgendwann lesen. Es war nur privat gemeint. Sollte einfach ausdrücken, wie vorteilhaft richtige Freunde füreinander sein können. Speziell natürlich für stets überbeschäftigte Männer ohne Freizeit wie mich. Und dann noch dieser eine, ganz spezielle, richtige Freund!

Ich sollte an dieser Stelle erwähnen, dass es sich bei dem vorhin beschriebenen Gespräch um ein Telefonat handelte. Genauer, um ein Telefonat zwischen einer Segeljacht weit draußen auf dem Meer und einer *villa* im neunzehnten *quartiere* von Palermo. Noch genauer gesagt, zwischen einem neben dieser Segeljacht hertreibenden Schlauchboot und einer ganz unscheinbaren *villa*. So unscheinbar, dass sich deren Besitzer nicht einmal ein Türschild leisten wollte. Und da sind die Verbindungen eben nicht immer ungestört.

Der Besitzer dieser *villa* war mein *amico vecchio* Valter „Maisi" Maismontagnolo. Er hatte sich ja nach seinem Ausstieg aus der Politik einen Lebenstraum erfüllt und war nun als *consulente per tutto* selbstständig. Frei von Zwängen. Treu und verlässlich, wenn es darum ging, alten Freunden einen Gefallen zu erweisen. Daher hatte ich ihn ja auch angerufen, als es wieder einmal galt, zwei Bekannten aus ihrer Wohnungsnot zu helfen. So bin ich eben. Die kleinsten Sorgen meiner Umgebung mache ich mir zur großen Aufgabe!

„Bitte noch einmal!", fragte „Maisi" Maismontagnolo. „Ich habe dich schlecht verstanden. Eine Juristin aus deiner Familie sucht eine neue … äh … Untermiete?"

„Ja. Und ein paar mir gut bekannte Studenten suchen auch etwas!"

„Von welcher Uni?", fragte „Maisi".

„Wirtschaftsuni."

„Wird schwierig. Ich bin da jetzt supernackt!", stöhnte Maismontagnolo. „Was soll ich machen?"

„Sprich halt mit dem Ernesto Carlo Pleccho, der hat beste Kontakte zu einer kleinen Baugesellschaft. Ich glaube, sie heißt ‚Rapagbau'. Oder so ähnlich. Vielleicht haben die passende Unterkünfte. Ich würde da halt ein bisschen eine Recherche machen. Ich würde mir anschauen, sozusagen, ich meine, das siehst du ja eh im Internet, in welchen Gegenden die etwas haben, in welcher Lage, mit welchem Wert und so …"

„Ich schau', was ich tun kann!", sagte der Gute. „Und? Wie geht's sonst?"

„Arbeit, Arbeit, Arbeit!", antwortete ich. „Dieser Fanatiker Scodella will demnächst die sechzigtausend staatlichen Wohnungen der SIVOG-Gesellschaft verklopfen! Kennst ihn ja, mit seinem Privatisierungswahn!"

„Ja ja, ein Irrsinn!", sagte „Maisi" mitleidig. „Und? Wer kriegt die Wohnungen?"

„Wir haben zwei Interessenten, die *AC-Immo* und die *Immoinvesto*! Da muss ich natürlich höllisch aufpassen, damit alles fair zugeht und geheim bleibt! Von wegen Amtsmissbrauch und so …"

„*Capisco*! Die *Immoinvesto* würde es sich sicher einiges kosten lassen, wenn sie erfährt, wie viel die Konkurrenz bietet!"

„Das kannst du annehmen!“, sagte ich. „Aber ich schweige natürlich wie ein Grab!“

„Man kennt dich nicht anders!“, antwortete er. „Ist da irgendetwas, das ich in dieser Sache für dich tun kann?“

„Du bist ein echter Freund! Aber diese Dinge muss ich wirklich *assolutamente segreto* behandeln. Nur eines fällt mir ein: Ich bin hier draußen auf einem Schlauchboot schwer erreichbar und habe nur fünf Wertkarten-Handys mit! Könntest du mir nicht einen Lottoschein aufgeben?“

„Gerne“, sagte ‚Maisi‘.

„Schreib die Zahlen auf: 9-5-8-13-27-45.“

„Aha! Ahaa! Ahaaa!“, meinte „Maisi“ jetzt, während er offenbar die Nummern notierte. Und dann sagte er eben, er wäre glücklich, nein „Glüüüüücklich!“ darüber, dass er mir helfen könne.

„Wenn diese Zahlen gewinnen, gibt ’s aber zehn Prozent Erfolgsprämie.“ Wir lachten beide über diesen gelungenen Scherz.

„Ich finde übrigens, du hast dir zwischendurch auch einmal ein bisschen Urlaub verdient!“, sagte er mitleidig. „Wie wär ’s mit Weihnachten? Ich buche etwas für dich, *va bene?*“

„Wenn es unbedingt sein muss. Aber *attenzione*! Nimm etwas Einfaches! Kein Luxus! Ein Landhotel unter vielen Sternen. Ich bin keine *male diva*!“

„Alles klar!", antwortete „Maisi". „Nichts Einfaches! Reiner Luxus! Strandhotel mit vielen Sternen. Malediven!"

„Nein! nein!", brüllte ich ins Telefon. „Ganz falsch! Hallo? *Pronto?*"

Doch es half nichts mehr. Die Verbindung war unterbrochen. Einmal noch hörte ich kurz „Maisis" Stimme: „Wo war meine Leitung?", rief er verzweifelt. Immer wieder: „Wo war meine Leitung?"

Doch wir hörten einander nicht mehr.

4. KAPITEL

Lauter *idioti*, außer mir!

Der 28. Dezember 2004 war ein Sonntag. Ich weiß es noch genau, denn schon zum Frühstück gab es Fisch. Und anschließend wollte ich, einer guten, alten, frommen sizilianischen Sitte entsprechend, eigentlich die Heilige Messe besuchen. Aber es war keine da.

Pesce – und nichts als *pesce!* – gab es in diesen Tagen praktisch bei jeder Mahlzeit, und auch das Fehlen eines katholischen Gottesdienstes ist leicht erklärt: Wir befanden uns nämlich auf den Malediven, und die sind nicht nur im Indischen Ozean sondern auch ziemlich islamisch. Aber ich will nicht klagen, denn auf dieser Reise war wirklich alles schiefgegangen, was schiefgehen konnte.

Ein paar wohlverdiente, entspannende Weihnachts-Ferientage in einfacher Umgebung hätten es werden sollen, doch aufgrund der beschriebenen Missverständnisse und Störungen hatte „Maisi“ Maismontagnolo doch tatsächlich ein langweiliges Neun-Sterne-Urlaubsresort auf diesen tropischen Inseln für uns gebucht! Mit „uns“ meine ich hier außer mir auch meine damalige engste Mitarbeiterin, an sich ein recht ansehnlicher Monica Bellucci-Verschnitt, die sich aufgrund toller Fremdsprachenkenntnisse zur Arbeit in meiner nächsten Umgebung aufgedrängt hatte. Allerdings waren damit Sprachkenntnisse in Wort und Schrift gemeint gewesen.

Damals, Ende 2004, hatte sie es jedenfalls verstanden, mich von der Notwendigkeit ihrer Begleitung ins Ausland zu überzeugen, und so nahm ich sie halt mit auf die Malediven, um dort ein paar angestaute Aufgaben zu erledigen.

Dann, im Flugzeug, der nächste Schock! Anstelle der volksnahe und preisgünstig vorgesehenen Economy-Klasse quetschte man uns auf unbequeme, übergroße First-Class-Sitze und belästigte uns ständig mit Champagner, Crevettencocktails und lästigen Fragen nach dem Wohlbefinden!

Kaum auf den Malediven angekommen, erreichte meine Stimmung allerdings den absoluten Tiefpunkt. Denn schon beim unangenehm aufwändigen, zwölfgängigen „Welcome Dinner“ setzte man uns ausgerechnet einen zweiten prominenten Gast und dessen Begleitung an den Tisch: Den österreichischen Finanzminister Heinz-Karl Krasser (oder so ähnlich), der dasselbe Luxus-Resort gebucht hatte, allerdings offenbar mit voller Absicht und um mit seiner Sekretärin ungestört dort dasselbe zu machen, was er gerade mit seiner Heimat tat. Mehr will ich dazu nicht sagen, schon alleine aus Gründen der Kollegialität.

Ich kannte den Mann nur allzu gut von zahlreichen Meetings in der *Unione Europea*, wo er mit seiner aalglatten Art jedem auf die Nerven ging. Die meisten machten nach Möglichkeit einen großen Bogen um ihn, aber dieser Schnösel schaffte es immer wieder, einen in seine ach so leutseligen Gespräche zu verwickeln. Am liebsten natürlich, wenn Fotografen dabei waren. Dann entkamst du seinen Kampf-Umarmungen nur, indem du dich mit irgendjemandem über Fachfragen unterhieltest, denn dann hatte er Sendepause.

Und dieser Mann logierte jetzt im selben Hotel wie wir. Und dieses Hotel lag auf einem ganz kleinen Atoll. Es gab also kein Entrinnen! Kaum stand ich an der Bar und genehmigte mir eine *African Lady*, lehnte er schon in seiner Hugo-Boss-Badehose neben mir und musste natürlich zufällig demonstrativ eine *African Queen* trinken. Kaum schnorchelte ich entspannt draußen am Korallenriff, kam er mit einem protzigen Unterwasser-Moped angerauscht. Und immer wollte er gute Tipps von mir. Aber ich konnte ja nicht wissen, dass er meine scherzhaft gemeinten Ratschläge dann auch noch ernst nahm. Zum Beispiel habe ich diesem Krasser (oder so ähnlich) empfohlen, doch einfach einmal öffentlich die Liste der europäischen Finanzminister herzuzeigen. Dort stand er mit seinem „A“ für „Austria“ natürlich ganz oben. Und aufgrund dessen sollte er behaupten, der beste Finanzminister Europas zu sein. Das tat der dann wirklich. Und seine Österreicher glaubten es ihm auch noch!

Wirklich ein *popolo bizzarro* da oben, hinter den Alpen!

Gott sei Dank gab es dann am 26. Dezember 2004 einen mittelgroßen Tsunami, der die Anrainerstaaten des Indischen Ozeans total verwüstete, und damit verlagerte sich Heinz-Karl Krassers (oder so ähnlich) Aufmerksamkeit ein wenig weg von mir, Carlo-Enrico Grassa. Ihn beschäftigte jetzt vor allem die Frage, ob an seiner Begleiterin auch nichts kaputt gegangen war.

Sehr unangenehm, solche Leute.

Unsere Insel jedenfalls war von der Katastrophe einigermaßen verschont geblieben, und so versuchte ich selbstverständlich sofort, nach Sizilien heimzukommen, um dort eine ordentliche Hilfsaktion für die Opfer der Flutwelle auf die Beine zu stellen.

Der dramatisch verlaufende 28. Dezember 2004 machte mir dann aber einen Strich durch die Rechnung.

Grassa & Krasser (oder so ähnlich). An diesem Sonntag saßen wir also, von den Ereignissen der letzten Tage doch einigermaßen nachdenklich geworden, gegen Mittag am Frühstückstisch. Wie gesagt, beim Fisch. Ich nahm mir, bescheiden wie immer, einen gebeizten Seeteufel an Thunfischlebermousse mit einer Handvoll Gamberetti, Gamberini und Gamberoni und beklagte, dass in diesem Luxus-Hotel keine katholische Sonntagsmesse stattfinde, um Gott für unsere Rettung zu danken. Und vielleicht auch gleich ein paar Fotos davon für die Daheimgebliebenen zu machen.

Krasser (oder so ähnlich) hingegen jammerte, wie man es von den *austriaci* kennt. Zum Beispiel darüber, dass es jetzt, nach dem Tsunami, kein frisches Obst gebe. Und dass er sich deshalb an Melonen anderer Art delektieren müsse. Darauf entgegnete seine Begleiterin so laut, dass es alle im Frühstückspavillon hören mussten, sie hätte eigentlich mehr Lust auf eine ordentliche Banane und so weiter halt ... Die beiden waren unerträglich für stilvolle Menschen wie mich. Also wollte ich mein karges Mahl schleunigst beenden, da kam der Hotelmanager herangerannt. Besorgt. Panisch. Mit schreckensgeweiteten Augen.

„Mister Grassa! Please! Mister Krasser! Please!“, schrie er. „Help! Help! Help!“

„Ja“, sagte Krasser (oder so ähnlich) betont gelassen, „das kenne ich natürlich! Ein Beatles-Lied.“ Und seine „Mitarbeiterin“ lachte sogar über einen derart lauwarmen Witz.

„Schluss jetzt!“, brachte ich die beiden zum Schweigen. „Merkt ihr nicht, wie aufgeregt der

Mann ist?" Dann wandte ich mich dem Hoteldirektor zu und sagte: „Du brauchst keine Angst mehr zu haben. Auch nicht vor diesen Leuten. Ich bin bei dir. Sprich!"

„Es kommt noch ein Tsunami!", brach es aus ihm heraus. „Das Frühwarnsystem hat Alarm geschlagen! Er ist noch viel größer und viel stärker, als der letzte! Gleich sind wir alle tot!" Und der baumlange Mann mit dem Körperbau eines Athleten begann in meinen Armen hemmungslos zu schluchzen.

In derselben Sekunde beherrschte Panik den Raum. Frauen kreischten. Kinder klammerten sich an ihre Eltern. Gestandenen Männern stiegen die Tränen in die Augen. Das Streichorchester intonierte die zuletzt beim Untergang der „Titanic" erklungenen Melodien.

„Tja, Liebling", sagte Krasser zu seiner Sekretärin, „wir sollten schauen, ob wir nicht doch noch irgendwie hier wegkommen. Sonst müssen wir nachher womöglich noch beim Aufräumen helfen ..."

Was für ein jämmerliches Verhalten. Doch ich hatte nicht einmal genügend Zeit, um mir das *vomitare* kommen zu lassen. Denn ich, Carlo-Enrico Grassa, und nur ich, Carlo-Enrico Grassa, handelte!

Ich schaute mich um. Und ich sah Schreckliches. Am Horizont näherte sich bereits eine gewaltige

Flutwelle. Grau. Bedrohlich. Dämonisch. Hoch wie zehn Ätnas übereinander. Und breit wie die ganze sizilianische Küste. Schon verfinsterte diese Woge den Mittag. Ihr Rauschen steigerte sich binnen Augenblicken zu apokalyptischem Getöse. In wirren Bildern zog mein Leben an mir vorüber. Die glücklichen Tage von Agrigento, die heißen Nächte von Palermo, die geilen Privatisierungen im Finanzministerium.

Da teilte sich wieder einmal der Himmel. Ein Sonnenstrahl brach sich Bahn. Er fiel auf meine Stirn, doch diesmal schlug er kein Kreuzzeichen und wanderte auch nicht aufs Meer hinaus, sondern hinüber zu unserem bescheidenen 200-Quadratmeter-Bungalow. Und ich wusste in der Sekunde, was ich zu tun hatte! Also tat ich es.

Ich schoss zu unserer Behausung, riss mein Surfbrett an mich und paddelte mit dem Mut der Verzweiflung dem Tsunami entgegen. Ich wusste natürlich: Die Leistung einer solchen gewaltigen Longitudinalwelle ist proportional zum Quadrat der Amplitude der Druckspannung gemäß der d'Alembert-Gleichung $A(r, \omega t) = A_0 \cos (kr - t)$! Wenn es mir also gelang, mit meinem Freestyle-Board eine dem reziproken Wert $A(r, \omega t) / \sin (kr - t) = A_0$ entsprechende Gegenwelle aufzubauen, dann würden einander die beiden Amplituden neutralisieren, meine Surf-Welle würde die Tsunamiwelle brechen, und die Gefahr würde – im wahren Sinne des Wortes – im Sand verlaufen!

Noch während ich von diesem Wortspiel begeistert war, nahm ich mit entschlossenen Schwimmbewegungen genügend Speed auf, um mein Board mit ein paar tollkühnen, lebensgefährlichen Duck-Dives mitten hinein in den Break-Point der Giant-Wave zu knallen. Das höhnische Gebrüll der Riesenwelle prügelte wie Millionen Presslufthämmer auf meine Trommelfelle ein. Ich setzte einen Bottom Turn. Zwei Hang-Fives. Drei Rollercoasters. Dann wurde mir schwarz vor den Augen.

Als ich erwachte, fand ich mich wie aufgebahrt auf dem Frühstückstisch unseres Tourist-Resorts wieder. Links ein Wolfsbarsch, rechts eine Schüssel Makrelen.

„Er lebt! Massa Grassa lebt! Hurra!", schrie der Hotel-Manager. Und sogleich hob ein vielstimmiger, frenetischer Jubel an. „Gott segne Sie!", „Sie haben uns gerettet!", „Danke!", „Hallelujah!", tanzten die Leute um den Tisch herum. Frauen küssten mich. Kinder klammerten sich an mich. Und gestandenen Männern stiegen schon wieder die Tränen in die Augen.

Jetzt erst vernahm ich mit Genugtuung, wie die letzten, kleinen Überbleibsel des von mir mit meinem Speedboard eiskalt abgewürgten Mega-Tsunami geradezu spielerisch an den mittlerweile wieder sonnigen, goldenen Strand klatschten.

Und während ich ermattet neuerlich einschlief, hörte ich, wie Heinz-Karl Krasser (oder so ähnlich) lächerlich keuchend in sein Handy sagte: „Tut mir leid, Wolfgang, ich kann von meinem Weihnachtsurlaub nicht plangemäß zurück sein. Ich bin mitten im Tsunamigebiet und muss die Aufräumarbeiten koordinieren. Die Regierung hier will das so!"

Großbaustelle Sizilien. Damals, Anfang 2005, nach meiner im Alleingang unter tödlichem Risiko vollbrachten Rettung der Malediven, bat man mich ja dort händeringend, diesen einsamen Inselstaat nicht im Stich zu lassen. Man versprach sich von mir nicht nur den Schutz vor weiteren Tsunamis sondern gleich auch vor dem Ozonloch und dem Treibhauseffekt. Der Hoteldirektor wollte mir einen Gratis-Bungalow auf Lebenszeit überlassen, der Tourismusminister gleich eine ganze Insel mit Halbpension, und als ich auch dieses Angebot ausschlug, bot mir der Ministerpräsident zunächst seinen Posten an, dann seine vier Frauen und am Ende sogar sich selbst.

Aber das ich konnte meinem Sizilien natürlich nicht antun.

Zu Hause machte ich kein großes Aufheben von meiner Heldentat. Sie war den Leuten dort auch

Allein gegen die Katastrophe: Mit meinem Surfbrett erstickte ich auf den Malediven einen Tsunami. – *Maalhosmadulu-Atoll,* 2004

egal. Bis Sizilien war der Tsunami nicht gekommen, folglich war er für sie gar nicht geschehen.

Nein, ich war nicht enttäuscht. Nur ernüchtert. Ich setzte mich, bescheiden wie immer, einfach mit ein paar Tagen Verspätung wieder an den Ministerratstisch, Volfgango Scodella sagte „Schön braun bist du geworden!" – und das war 's. Die Arbeit ging weiter, als sei nichts geschehen.

Und Arbeit gab es in diesen Jahren wahrlich mehr als genug. Vor allem, weil ich mich penibel mit den kleinsten Dingen selbst befassen musste, damit sie nur ja in meinem Sinne erledigt wurden:

- Die Übersiedlung des Finanzministeriums war dringend notwendig. Unser altes Gemäuer stammte ja aus dem 18. Jahrhundert, es war steuerlich längst abgeschrieben. Also weg damit. Was da nicht alles zu tun war! *Gesù cristo!* Wir brauchten ein Ausweichquartier, die alte Hütte musste verkauft werden, die Möbelpacker waren mit *panini* und *acqua minerale* zu versorgen ... „Und irgendwo dazwischen soll Grassas Freund, der Immobilienmakler Ernesto Carlo Pleccho, zugange gewesen sein“, schrieb das Magazin *Profile* zweideutig darüber.

„Mein Mandant war zu keinem Zeitpunkt informiert“, sagte Plecchos *avvocato* dazu. Und das zählt ja wohl mehr, als die Meinung irgendwelcher dahergelaufener *giornalisti*.

Für Ernesto Carlo Pleccho gilt daher die Untätigkeitsvermutung!

- Auch die blöden, staatlichen SIVOG-Wohnungen mussten endlich raus. Was da nicht erst alles zu tun war! *Oh mio dio!* Beratungen mussten vermittelt werden, Vermittler mussten beraten werden ... Am Ende bekamen wir durch beinhartes Pokern rund 16.000 Euro pro Wohnung! Das ist mehr als für einen gebrauchten Campingbus!

„Beim Verkauf der Wohnbaugesellschaft wurden angeblich hunderte Millionen Euro an Steuergeld verschenkt“, brabbelte daraufhin das selbst ernannte Qualitätsblatt *Lo standardo*.

„Das Jahr hat uns außergewöhnliche Erfolge gebracht“, jubelte hingegen die siegreiche Käuferin der Wohnungen, die *Immoinvesto*. Und glückliche Kunden zählen ja wohl mehr, als keifende *commentatori*.

Vor allem aber gilt für dieses Geschäft die Sechzigtausend-Mieter-wurden-aus-ihrer-entwürdigenden-Abhängigkeit-vom-Hausherrn-Staat-befreit-Vermutung!

Kaum hatte ich diesen Brocken aus dem Weg geräumt, erreichte mich über Vermittlung meines *amico* „Maisi“ Montagnolo ein Hilferuf: Tilo Berlinale, der Chef der *Ipo-Etna-Tirreno*, brauchte Geld, um seine Bank zu retten. Als *ministro delle finanze* fühlte ich mich selbstverständlich auch dafür verantwortlich, doch was sollte ich tun? *Madonna mia!* Und wirklich: Der Himmel half – in Gestalt der Muttergottes! „Maria“ nannte sich nämlich jene ältere Dame, die mir in Campione am Lago di Lugano eine halbe Million Euro anvertraute. „Nimm dieses Geld, und vermehre es, mein Sohn!“, sagte sie. Ich war gerührt. So arm war sie, dass sie mir zum Transport der Banknotenbündel nur einen Papiersack zu geben vermochte – um die Überweisungsspesen zu sparen.

Was soll ich Ihnen sagen – ein halbes Jahr später zahlte die *Ipo-Etna-Tirreno* eine Dreiviertelmillion zurück! Nun spielen die Bankspesen wohl keine Rolle mehr, dachte ich, und so ließ ich das Geld umgehend zurück in die Schweiz überweisen. Und das natürlich gleich über mehrere Firmen in mehreren Ländern. Wenn man helfen kann, gönnt man eben jeder Bank ihre Spesen!

„Sowohl Maismontagnolo als auch Grassa haben ihre Vermögen bei diesen Firmen angelegt“, kommentierte *La farfalla*, ein unbedeutendes Stadtblättchen aus Palermo diese Vorgänge hämisch.

„Zufällig“, kommentierte mein Anwalt diesen Kommentar.

Hier gilt eben die Gottes-Wege-sind-unergründlich-Vermutung.

Und mittendrin in all diesen Bemühungen landete dann auch noch das größte, jahrzehntelang aufgeschobene Problem der sizilianischen Politik auf meinem Schreibtisch: der Ankauf neuer U-Boote!

Die Eurodiver-„Affäre“. Nur wenigen Leute bekannt ist die Tatsache, dass Sizilien eine eigene Marine unterhalten muss, weil es um uns herum fast noch mehr Feinde als Wasser gibt. Malta, Gozo und Djerba sind ja längst waffenstarrende Festungen, deren Expansionsbestrebungen den gesamten Mittelmeerraum in Angst und Schrecken versetzen, aber auch Sardinien, Korsika und

Elba gelten als Hochburgen des internationalen Terrors.

Daher hatten die Admiräle unserer Seestreitkräfte schon seit Jahren die Anschaffung von Panzern gefordert, um ihre Kanonen von den Stränden aus gegen die übers Meer kommenden Feinde zu richten. Dutzende Regierungen hatten das Ansinnen abgeschmettert, doch ich löste auch dieses Problem auf meine Art.

„Wozu Panzer?", hielt ich den *commandanti* entgegen. „Wir kaufen U-Boote, die wir noch dazu im Meer tauchen lassen. So halten sie schon meilenweit vor unserer Küste die Invasoren davon ab, uns zu überfallen!"

Die Admiräle waren schlichtweg begeistert. *Sottomarini!* Und diese noch dazu ins Meer … Damit hatten sie nicht gerechnet, diese militärischen Einfaltspinsel.

Als legendärer Wassersportler und Inhaber der Wehrdiensterinnerungsmedaille war ich natürlich auch in dieser Frage ein ausgewiesener Experte und sondierte zunächst die Ideen der Fachleute: In der engeren Wahl befanden sich veraltete schwedische Modelle vom Typ „Kraken" mit Außentoilette und ohne W-Lan-Anschluss! Deren Motoren funktionierten nicht mehr, sodass unsere schneidigen *marinari* unter Wasser rudern hätten müssen. Und ihre größte Kampfkraft bestand darin, dass sich bis an die Zähne bewaffnete illegale Einwanderer bei ihrem Anblick totlachten.

Da traf es sich gut, dass sich mein alter PDL-*compagno* Gernoto Ronpoldi als *consulente* anbot. Gernoto war mittlerweile Besitzer einer erfolgreichen PR-Agentur und daher über jeden Verdacht der Käuflichkeit erhaben. In U-Boot-Fragen kannte er sich ebenfalls aus. Schließlich war er gelernter Installateur, und was ist denn ein *sottomarino* anderes, als viele Installationen mit etwas Blech drüber? Also setzten wir uns zu einem kleinen, *quasi* familiären Fact-Finding-Meeting zusammen.

Ronpoldi hatte zwei prächtige Anschauungsobjeke mitgebracht. Das erste war seine Frau Erica. Wirklich sehr beeindruckend, zumindest so lange sie den Mund nicht aufmachte. Das zweite war ein sorgfältig verpacktes Modell des von ihm favorisierten, damals modernsten Gefährts unter Wasser, des sogenannten „Eurodiver".

„Zu teuer!", musste ich ihm leider gleich zu Beginn sagen. „Du weißt, ich möchte doch irgendwann wieder einmal ein Mehroderwenigerplusminusnull-Defizit zustandebringen, und dabei spielt auch Geld eine gewisse Rolle!"

„Aber die *installazioni*!", versuchte er, mich von den Vorteilen zu überzeugen. „Schau dir nur die *installazioni* an! Jedes Waschbecken hat einen Einhandmischer mit Luftsprudler und Keramik-Kartusche!“

„Gernoto“, blieb ich hart, „ich weiß, dass du ein *specialista* bist, aber ich bin eben ein knallharter Rechner!“

„Siehst du“, antwortete er, „deshalb haben wir dir auch ein anschauliches Modell mitgebracht! Aus Papier.“

Ich muss sagen, ich war schon vom ersten Anblick schwer beeindruckt! Beeindruckt vor allem von der liebevollen Detailtreue dieses Modells. Im Wesentlichen bestand es zwar nur aus unzähligen kleinen Papierstückchen und -röllchen, aber jedes Torpedorohr und jedes Periskop war präzise in originalgetreue Form gebracht. Ein Wunderwerk! Und alle diese Papierstücke besaßen dieselbe rechteckige Form, dieselbe lila Farbe und dieselben Aufdrucke als Verzierung: „500“ stand da. Und daneben: „Euro“ – Einfach prächtig!

„Ganz toll!“, nickte ich anerkennend. „Da kann ich mir gleich mehr vorstellen!“

„Noch mehr?“, fragte Gernoto Ronpoldi.

„Ein zweites Modell würde die Sache irgendwie viel ansehnlicher machen!“

Erica Ronpoldi stöhnte: „Wir täten auch Modelle verpackt in Koffern haben“, meinte sie in ihrem breiten Ostsizilianisch. „Zum selber Zusammenbauen. Darf es so eines auch sein?“

„*Nullo problema*!“, sagte ich kompromissbereit. „Es ist ja nicht für mich! Sondern ein Spielzeug für meine Stiftung zugunsten armer, spielzeuglos geborener Kinder!“

„Du hast eine Stiftung für arme Kinder?“, fragte Erica.

„Jetzt schon.“

„Na dann!“, schloss Gernoto Ronpoldi großzügig. „Für einen guten Zweck haben wir immer etwas übrig! Für unsere letzte Pressekonferenz haben wir der „Eurodiver“-Company ja auch 96.000 Euro verrechnet. Für die hungrigen *giornalisti*. Die haben dann auch mindestens zwanzig *tramezzini* verputzt!“

„Zwanzig *tramezzini* um 96.000 Euro?“, fragte ich. „Sind das nicht ziemlich teure Brötchen?“

„Aber dafür auch sehr gute Brötchen!“, sagte Gernoto. „Ganz dick belegt! Bei U-Booten ist das genauso. Qualität kostet einfach Geld!“

„Wir tun dir auch einen guten Preis machen!“, versprach Erica Ronpoldi beim Abschied. „Sagen wir pro ‚Eurodiver‘ das Doppelte, was Rumänien jetzt gerade brennt. Die pecken 40 Millionen pro Stück. Das Doppelte macht also 100 Millionen! Dafür machen die dann aber auch tolle Nebengeräusche dazu!“

Damit hatte sie natürlich meinen Nationalstolz geweckt: „Das ist ein Argument“, meinte ich. „Mehr als diese Bloßfüßigen da hinter den Karpaten müssen wir uns immer noch leisten können!“

Bei vielen Treffen der EU-Finanzminister war ich umjubelter Gast – hier leider total verdeckt durch den Österreicher Heinz-Karl Krasser (oder so ähnlich). – *Vienna,* 2006

Prompt beschlossen wir in der nächsten Kabinettssitzung auf meinen Vorschlag hin den Ankauf dieser „Eurodiver". Jede Regierung gibt eben für ihre heiß geliebten Kriegshelden so viel Geld aus, wie sie ihr wert sind. Umso trauriger stimmt es mich, Carlo-Enrico Grassa, wenn diese Fürsorge dann von politischen Gegnern als „Affäre" schlechtgeredet wird!

„Kassierte Grassa bei Eurodiver?" fragte etwa das Billigblatt *Sicilia* in dieser *causa.*

Nein, stelle ich hiermit klar, denn für mich gilt immer die Es-war-alles-supersauber-Vermutung!

Die Bombe schlägt ein. „Wie lange ist Giuseppe Verdi schon tot, wenn er vor 109 Jahren gestorben ist?" – „Äh … vielleicht zehn Jahre?"

Und schon wechselte ein Schuh den Besitzer.

„Unter welchem Namen ist dir H_2O besser bekannt?" – „Es ist mir auch unter dem Namen H_2O nicht sehr gut bekannt."

Ui, ui, jetzt bekam ich gar schon eine Jean als Pfand … Mein Gott, war sie süß! Nein: süüüß! Und ihre neckischen Nonsense-Antworten erst, vorgetragen mit verführerisch tiefer, erotischer Stimme!

An welchem Tag des Frühjahrs 2005 diese Poolparty im ganz erlesenen Kreis hoch über Taormina genau stattfand, habe ich längst vergessen. Dem Glücklichen schlägt eben keine Stunde. Die Miolis und der Schlagerstar Gianni Retrolagone mit seiner charmanten Ramona waren da, und die einschlägig bekannten Ottusi-Schwestern aus der noch bekannteren Baumeisterfamilie natürlich … Aber das tut nichts zur Sache, denn ich hatte vom ersten Party-Spiel an sowieso nur Augen für sie. Für siiieee! Denn sie war eine fast echte Bukowski! Nicht ganz echt, aber Hauptsache, sie wurde nach außen hin, in den Society-Magazinen, unter diesem Namen geführt: Flora Bukowski! Das klang ja auch gleich fast so strahlend und rein wie das blitzblanke Email der Toilettenmuscheln und Waschtische, mit denen ihre Familie vermögend geworden war. Jedenfalls aber viel strahlender und reiner als Flora Pacificzkiewicz-Grifinkalski, jene Namen, die ihre Mutter im Laufe ihrer Ehen zusammengeheiratet hatte. Vor mir stand aber nicht irgendein Name, sondern ein Vollweib aus Fleisch und Blut. Und dieses *carne e sangue* repräsentierte mindestens 12, 5 Prozent des Stammkapitals der Bukowski AG.

Doch wie an sie herankommen? Schließlich galten die Bukowskis nicht nur als einer der reichsten und einflussreichsten Unternehmer-Clans in ganz Sizilien, sondern auch als einer der verschlossensten. „Ein Bukowski steht überhaupt nicht in der Zeitung. Und wenn, dann auf der Wirtschaftsseite", wurde Ahnherr Davide Bukowski in diesem Zusammenhang gerne ehrfürchtig zitiert. Andererseits: Auch die verschlossenste Körperschaft hat eine Achillesferse. Und wenn diese Achillesferse den Namen Flora trug, dann war es äußerst reizvoll, mich jetzt dranzuheften.

Wer dann etwas später die Idee mit diesem Pfänderspiel gehabt hat, weiß ich auch nicht mehr: „Wir stellen uns ganz komplizierte Fragen, und wer die Antwort nicht weiß, muss seinem Partner ein Kleidungsstück geben!", hieß es plötzlich, und *naturalmente* sorgte ich dafür, dass ausgerechnet Flora dabei meine Partnerin war. Gegen schärfste Konkurrenz übrigens, die mit miesen Tricks versuchte, mich von ihr fernzuhalten.

Nimm nicht die Flora, mit der ist das Spiel viel zu früh zu Ende", war der mieseste von allen. Ich fiel natürlich nicht darauf herein. Außerdem stimmte es nicht. Sie erwies sich als hoch intelligent. Zum Beispiel hatte sie sowohl auf die Frage nach dem Schöpfer ihrer aufregenden Frisur als auch nach dem Designer ihres noch aufregenderen Oberteils die richtigen Antworten sofort parat.

Und schon hielt ich dieses Oberteil als nächstes Pfand in meiner Hand. Nun, mit welchem Einsatz Flora ihre Pfänder dann schließlich auslöste, wissen Sie als beflissene Leserin und eifriger Leser dieses Buches längst ...

Ich zog natürlich sofort die entsprechenden Management-Konsequenzen aus dieser Merging Acquisition: Zunächst redimensionierte ich meine höchst persönliche – man verzeihe mir dieses Wortspiel – Belegschaft und sourcte meine nunmehr überzählige engste Mitarbeiterin im Büro aus. Nach einigem Suchen erklärte sich ein in Sizilien nicht unbekannter Wasserballspieler bereit, sie für eine Probezeit als Fremdsprachenkorrespondentin zu übernehmen. Für sie natürlich ein unangenehmer sozialer Abstieg. Blind vor Eifersucht erprobte sie daher noch schnell mit hundertzwanzig Sachen die Stabilität eines Maserati 3200GT an einem Fahnenmast der Strandpromenade von Palermo. Gott sei Dank war sie angeschnallt, sonst wären die Schäden an meinem Image enorm gewesen. Und Gott sei Dank gehörte das Auto meinem Wahlonkel Burcardo Conte, der es aus seinen durch mich vermittelten Aufsichtsrats-Einkünften günstig refinanzieren konnte. Also *tutto bene*!

Ich fokussierte inzwischen meine Forschungs- und Entwicklungsaufwendungen konsequent auf regelmäßige *viaggi* in Floras Wochenendhäuser und erreichte bald den angepeilten erotischen Break Even-Point.

Wie es weiterging mit mir und Flora, das ist ohnehin längst fixer Bestandteil jeder Gesellschaftsgeschichtsschreibung. Noch im Herbst 2005 war Hochzeit! Wie in der *famiglia* Bukowski üblich, natürlich standesgemäß im Vatikan. *Caro amico* „Maisi" Maismontagnolo stattete mir seinen Dank ab, indem er ohne Provision als Trauzeuge fungierte, und besonders beeindruckte mich die Herzlichkeit des neuen Papstes Benedetto XVI., der mich submissest darum bat, nach der Trauung spontan meinen Ring küssen zu dürfen. Ein Wunsch, den ich dem alten Herrn natürlich nicht abschlagen konnte. Weil wir aber schon beim Thema Segnungen sind: Einmal mehr stellte sich heraus, wie gut es das Schicksal mit mir meinte. Anlässlich meiner Hochzeit entpuppte sich nämlich jene wohltätige „Maria" mit deren halber Million ich kurz zuvor die *Banca Ipo-Etna-Tirreno* sanieren hatte können, als – meine Schwiegermutter, Maria Pacificzkiewicz-Grifinkalski. Wenn das nicht schon wieder ein Zeichen von oben war, meinen Weg konsequent weiterzugehen!

Und als wir dann hinaustraten und all die jubelnden Menschen sahen, da wusste ich, Carlo-Enrico Grassa: Diese Bombe ist detoniert. Mitten in der Öffentlichkeit. Die *gazzetti* und *giornali* in *urbi et orbi* würden allen Menschen auf allen Kontinenten begeistert berichten, wer ich war. Und vor allem: wie gut. Millionen Internet-Seiten würden die Bilder von diesem historischen Ereignis für alle Zeiten festhalten. Und nie mehr wieder würde es jemand wagen, an mir zu zweifeln. Denn ich war ja jetzt fast ein Bukowski.

Lifestyle-Magazine widmeten Flora Bukowski und mir ganze Fotostrecken in erotischen Posen. – Sizilianischer Jungbauernkalender, 2006

„Ich hoffe, deine Familie hat auch ein paar Staatsanwälte, Richter und *prefetti della polizia* zu unserer Hochzeitstafel eingeladen“, sagte ich zu Flora. „Es ist zweckdienlich, wenn sich auch solch einfache Menschen ein wenig uns zugehörig fühlen. Und außerdem für sie *irresistibile*!“

„Kenne ich“, sagte meine kluge Frau. „*Irresistibilie* ist eine Parfum-Linie von Givenchy!“

Aufstand der Zwerge. Alfredo Gusipaesano war ziemlich genau das Gegenteil von mir. Unansehnlich, unförmig, ungeschickt, unerfahren, ungustiös und überhaupt alles andere mit „un-“ am Anfang auch. Und darüber hinaus ein unerträglicher Besserwisser!

Warum meine braven Sizilianer einen solchen Fleischklumpen mit Brillen und roter Aktentasche im Oktober 2006 zu ihrem neuen *primo ministro* wählten, ist mir, Carlo-Enrico Grassa, bis heute völlig schleierhaft.

Irgendwelche neunmalklugen Sozio-, Polito-, Psycho- und anderen -logen meinten, die Unterschiede zwischen Arm und Reich seien zu groß geworden und gaben unserer Politik die Schuld. Aber das ist natürlich Unsinn. In Wirklichkeit waren die Wähler einfach zu blöd für uns. Aber das hat man davon! Wer, wie wir, dafür sorgt, dass sich in einer Gesellschaft Kreativität, private Leistung und persönliches Vermögen endlich einmal lohnen, der muss eben mit einem Aufstand der *idioti* rechnen.

Und wer, wie wir, Sizilien als eine einzige, große, ehrenwerte *famiglia* ansieht, deren Mitglieder einander die Hände und noch viel mehr waschen, der bekommt die Macht der gnadenlosen Bürokraten, die Gewalt der selbstgefälligen Bonzen und die tödlichen Dolchstöße der hassgesteuerten Marxisten und Antichristen zu spüren.

Da hilft dir nicht einmal eine Stil-Ikone wie Flora Bukowski an deiner Seite.

Dieser Schock der Parlamentswahlen von 2006 traf unsere Regierung leider in einem sehr ungünstigen Augenblick. So viele, so schöne, so große *progetti* standen noch auf unserer *agenda*!

Die Wasserleitungen wären noch zu privatisieren gewesen, das Kanalnetz, alle Lokomotiven der Eisenbahn und die immer noch öffentlich unterjochte Straßenbahn von Catania. Die Parkanlagen, die Toilettenanlagen und die Parktoilettenanlagen. Die *polizia* und das *militare* wollten wir an eine Wach- und Schließgesellschaft abgeben, die Gerichte an die Rechtsanwaltskammer, und die Schulen und Universitäten sollten sich mit dem Verkauf ihrer Zeugnisse selbst finanzieren. Der Ätna wäre an Disney Productions gegangen, für die Krankenhäuser interessierten sich mehrere Schweizer Pharma-Firmen und für die Gefängnisse ein chinesisches Konsortium. Gerne hätte ich selbst das gesamte *ministerio delle finanze* als Ges.m.b.H. & Co KG sicherlich gewinnbringend geführt, und am Ende wäre dann der ganze große, unter staatlicher Kuratel stehende unendlich weite blaue Himmel über unserem gesegneten Land sicher mit großem Gewinn anzubringen gewesen, und zwar gleich mitsamt der dazu gehörigen goldenen Sonne Siziliens.

Alleine für dieses Asset hätten wir von Neckermann oder TUI-International Milliarden lukriert. Ein entsprechendes Lobbying und PR-Consulting durch Leute wie Altocante, „Maisi", Plecchi und die Ronpoldis natürlich vorausgesetzt.

Aus all dem wurde nun nichts mehr.

Ich bin ein lupenreiner Demokrat. Das weiß jeder. Doch die Demokratie hat eine Schattenseite. Und das sind die Wahlen. Dabei stimmen Verkäuferinnen über Geschäftsinhaber ab, Bäume über Gärtner, Schwänze über Hunde.

Wie ungerecht!

Dementsprechend ernüchtert saßen wir ein letztes Mal zusammen. Die ganze wackere *squadra* dieser wunderschönen, vergangenen Jahre.

„*Mamma mia*! Der tote Drache hat zurückgebissen", eröffnete Volfgango Scodella die *conferenza*, für die meisten noch etwas unverständlich.

In weiterer Folge hielt er sich aber brav an die mit mir besprochene Dramaturgie. „*Ragazzi*!“, begann er. „Ein eisernes Schwert ist niedergegangen über Sizilien. Es ist *l'ultima volta*, dass wir heute unter uns sind. Ab morgen kämpft jeder für sich allein! Ich kann euch für dieses neue Leben nichts geben, ich kann euch für eure *spaghetti*, wenn ihr überhaupt welche habt, kein *sugo* geben, keine *ravioli*, keine *tortellini*, kein Brot zum Einschneiden. Wir haben nichts mehr. Ich kann Euch nur bitten: Sagt heute noch, was ihr jetzt gleich für notwendig erachtet!“

Es meldete sich Eriberto Discone, unser Verbindungsmann zum *Fascio Futuro Sicilia* und Spezialist für Verteidigungsfragen: „Der Conte Alfonso Menovillaggio-Bouillon schlägt für unsere neuen U-Boote gleich einmal eine Generalüberholung vor. Er ist ja sehr erfahren mit solch bestechenden Angeboten!“

Ich nickte. Scodella nickte. Alle nickten.

„Grazie molto!“, senkte nun Marina Fumo-Calafati, die *ministra per la salute* und Ehefrau des Grafen den Kopf: „Ihr wisst, wir haben ein *castello* daheim. Die Erhaltung, die Heizkosten, die Einladungen zu Treibjagden ... alles sehr teuer!“

Als nächster meldete sich Ernesto Strassa, der mich nicht nur mit seinem Namen vergeblich zu imitieren versuchte, sondern auch im damals sensationellen Gebrauch von Notebooks während politischer Sitzungen. Er war ein lächerlicher Ehrgeizling, der seine *carriera* im *Bassa Sicilia* des Langzeit-*padrone* Ervino Prollo begonnen und dessen Amtsführung ihm den Kampfnamen „Mähdrescher im Innenministerium“ eingebracht hatte.

„Wir haben“, sagte er nun traurig, „während meiner Amtszeit den gesamten Polizeifunk privatisiert und dabei leider irrtümlicherweise den Billigstbieter genommen. Jetzt aber konnte mir der renommierte Technik-Experte Pietro Altocanto eindrucksvoll vorrechnen, dass das teurere, amerikanische Angebot für uns alle viel günstiger ist, und da schlage ich vor, dass ...“

„*Bene*!“, schnitt ich ihm das Wort ab. „*Bene*!“, sagte Scodella. „*Bene*!“, sagten die anderen. „*Grazie molto!*“, senkte auch Ernesto Strassa devot den Kopf. „Ihr wisst, ich mache es nicht aus Eigennutz. Nur für das Gemeinwohl. Aber ich habe keine *bambini*, meine Altersversorgung ... alles sehr teuer geworden in den letzten Jahren!“

Dann meldete ich mich selbst zu Wort:

„Ich möchte noch schnell das Finanzamt von Cefalú in einem neuen, modernen Büroturm der Raiferro-Bank und der Para-Bau-AG unterbringen, außerdem suchen noch zwei Russen eine neue Staatsbürgerschaft ...“, damit hakte ich ohne auf das Einverständnis der anderen zu warten, auch diese Punkte ab und fügte erhobenen Hauptes hinzu: „Ihr wisst, ich mache das nur aus

Nächstenliebe für meine armen Finanzbeamten und aus Freundschaft zum russischen Volk. Es hat auch nichts damit zu tun, dass ich Verwandte in Andorra, Aruba und Barbuda habe, die so arm sind, dass sie dort nur in Briefkästen wohnen können ..."

„*Grazie molto*!", sagten die anderen, und „*Grazie molto*!", sagte auch Volfgango Scodella, ehe er wieder das Wort ergriff: „*Amici*! Ich danke euch für alles! Wir haben in diesen Jahren unserer Regierung viel erreicht. Sizilien ist ein wenig mehr ‚unser Sizilien' geworden! Seid nicht traurig, dass wir auseinandergehen, freut euch vielmehr, dass wir zusammen sein durften. Und freut euch an der einzigen, guten Nachricht, die ich in dieser schweren Stunde verkünden kann ..." Alle horchten auf, als sich Volfgango Scodella zu seiner vollen Körpergröße von mehr als anderthalb Metern emporreckte, bevor er in gemessenen Worten sagte:

„Carlo-Enrico Grassa hat sich bereit erklärt, meine Nachfolge als Chef unserer stolzen, alten, schwarzen *famiglia*, der Partito del Popolo anzutreten!"

Die Reaktionen überwältigten mich. Vor allem meine eigenen. Ganz ehrlich, mir stiegen vor Rührung über meine eigene Gerührtheit beinahe die *lacrime* in die Augen.

Für die Anwesenden war diese Nachricht natürlich eine *sensazione* und zugleich eine *speranza*! Stürme von *applausi* brandeten auf. Glückliches Schluchzen drang an mein Ohr, und die *ministra per l'educazione*, Elisabetta Andari tanzte vor Freude spontan auf dem Tisch eine *tarantella*! Nur meine sprichwörtliche Unaufgeregtheit hinderte mich daran, mir selbst begeistert um den Hals zu fallen.

Revolution der Opas. Schon näherten sich ein paar mächtige PDP-Provinzhäuptlinge, um mich auf die Schultern zu heben, da unterbrach eine Stimme den Jubel. Eine mir nur allzu bekannte, eiskalte, knorrig-westsizilianische Stimme.

„*Un momento*!", gebot Andrea Cavolo, ein in zweitrangigen Staatsämtern ergrauter, leider überaus einflussreicher Silberrücken in der *Partito del Popolo* der Begeisterung Einhalt. Als Chef der 200.000 eingeschriebenen Partei-*pensionisti* war seine Hausmacht gewaltig. Und dessen war er sich sehr, sehr bewusst, als er in gemessenem Tempo ansetzte:

„Bei Gott", sagte er, „jeder *fratello* hier herinnen weiß, wie sehr auch mich diese Nachricht freut, denn Carlo-Enrico Grassa ist gewiss ein ehrenwerter Mann, aber ...", die alte Hyäne setzte eine kunstvolle Pause. „Aber ist er überhaupt

Parteimitglied unseres großen, alten *movimento*?“

„Nein. Aber sei nicht so kleinlich!“, hielt Volfgango Scodella tapfer dagegen. „Die erste Partei Siziliens, deren Vorsitzender nicht einmal Mitglied ist. Das ist doch modern. Unkonventionell. Ein *signale* an die Jugend!“

„Ich nehme diese Nachricht zur Kenntnis“, fuhr Andrea Cavolo fort, „denn auch ich bin sehr für das Moderne. Und Carlo-Enrico Grassa ist fürwahr ein moderner, ehrenwerter, Mann! Aber wie hält er es mit unserer heiligen, katholischen Kirche? Wann hat er das letzte Mal die *Santa messa* besucht?“

„Nun“, räusperte ich mich, „bei meiner Hochzeit. Voriges Jahr.“ Ein erstes Raunen ging durch die Versammlung. Ich reagierte blitzschnell: „Aber ich gehe natürlich sofort hin. Jetzt gleich!“

„Ich nehme diese Nachricht zur Kenntnis“, sagte Andrea Cavolo und richtete seinen Blick zum Himmel. „Nur eines noch! Und ihr wisst, meine *amici*, es ist alleine die Sorge um die *futuro* unserer *famiglia nera*, die mich dazu bewegt, folgende, lächerliche Bedenken eines alten Mannes zu äußern. Carlo-Enrico Grassa ist zwar ein moderner, bei Bedarf auch gottesfürchtiger, ehrenwerter Mann, aber ich glaube im Namen von zweihunderttausend *seniori*, die seit Jahrzehnten brav ihre Parteibeiträge bezahlen und jeden Sonntag eine *chiesa* besuchen, dass Carlo-Enrico

Grassa nicht zu uns passt. Er ist zu jung. Er ist zu schön. Er ist zu intelligent!“

Das war das Ende. Dumpfes, stumpfes Gebrummel machte sich breit. Mit einem Mal kippte die Stimmung gegen mich. Die eben noch tanzende Unterrichtsministerin kletterte vom Tisch herunter. Die Provinzhäuptlinge wendeten mir den Rücken zu. Volfgango Scodellas Mund zeigte ein bitteres, gastritisches Zucken.

Um es kurz zu machen: Noch in derselben Nacht wählte die Partito del Popolo den hölzernen, bärbeißigen, obersizilianischen Bauern, Bürokraten und Bartträger Guglielmo Moltara zu ihrem Vorsitzenden. Noch in derselben Nacht war ich Ex-Politiker. Und noch in derselben Nacht ging ich hinüber in mein *ufficio* im *ministerio delle finanze*, um meine Abdankung vorzubereiten.

Zunächst schaltete ich die Uhr ab, die den Menschen draußen verkündete, wie lange sie mich bereits als Finanzminister haben durften. Sie zeigte 2.627 Tage, 23 Stunden und 55 Minuten ... Dann löschte ich sorgfältig sämtliche Festplatten, denn ich wollte meinen Nachfolger nicht mit lästigen alten Daten überfordern. Eine Menge Aktenordner mit Protokollen, Gesprächsnotizen und Kontoauszügen standen auch herum. Wozu die alle übersiedeln, dachte ich, vorbei ist vorbei! Es war mitten im kalten Winter. Die Heizung wollte ich aus Sparsamkeitsgründen nicht aufdrehen, also begann ich, all das nutzlos gewordene Papier im Kamin zu verbrennen.

Es schlug Mitternacht. Die Tür ging auf. Volfgango Scodella stand vor mir.

„Ich habe Rauch aufsteigen gesehen“, sagte er traurig, „da dachte ich, ich darf noch auf einen Sprung vorbeikommen.“

„Ja“, antwortete ich, „schwarzer Rauch.“

„Du nimmst also den Hut und sagst *addio*?“

„Was soll ’s? Das Sterben ist eben ein Bestandteil des Lebens.“

„Aber warum muss ausgerechnet unser Sterben so qualvoll sein?“, fragte er.

„Ist diese Frage die einzige Antwort, die du mir am Ende unseres gemeinsamen Weges geben kannst?“

Scodella schwieg. Dann schüttelte er den Kopf: „Nein, ich bin gekommen, um dir noch ein Letztes zu sagen ...“

„Nun?“

„Du bist so ...“ Er schaute zur Seite. Die strahlenden, privatisierten Lichtreklamen des befreiten, nächtlichen Palermo draußen mischten sich in seinem Gesicht mit dem Widerschein des flackernden Feuers im Kamin. Er gab sich spürbar einen Ruck, ehe er sagte: „Du bist genau so, wie ich immer gerne sein wollte: jung. Dynamisch. Erfolgreich. Und sicher ein unendlich geiler Liebhaber!“

Dann verließ dieser so kleine und innerlich noch kleinere Mann mit hängendem Kopf das Zimmer.

Und mein Leben.

Ich, Carlo-Enrico Grassa, habe ihn nie wieder gesehen.

Im Vernehmungszimmer mit dem Staatsanwalt

„Hm! Hmm! Hmmm!“ Der feiste, kleine, schwabbelige und seiner roten Nase zufolge einem *bicchiere Grappa* offenbar nicht abgeneigte *avvocato di stato* plusterte sich peinlich plump protzig hinter seinen alten, abgegriffenen Aktendeckeln auf.

Ein langgezogenes „Hmmmm!“ noch. Dann ein letztes Seufzen. Los.

Einer, der bei Einvernahmen viel allwissender wirken will, als man es in seiner Position überhaupt sein kann, stellte ich fest. Ich ließ alles gelassen an mich herankommen und blickte inzwischen scheinbar gelangweilt in die nicht vorhandene Ferne.

Es sähe „schlecht“ aus, sagte er, nein: „Schleeecht!“ Also war mein Fall interessant für ihn, mehr noch: sehr interessant. Noch mehr noch: seeehr interessaaant. Wieder einmal.

Ein richtiger *capo* bist du erst, wenn du auch einmal bei einem Verhör ordentlich in die Mangel genommen wirst, dachte ich. Und das schien ich ja soeben ganz gut hinzukriegen.

Nein, nicht böse sein, „Maisi“, Pietro und Ernesto Carlo, Giulio, Erica und Gernoto, solltet ihr das hier irgendwann lesen. Es war ganz real gemeint. Sollte einfach andeuten, dass ich auch in diesem Punkt ein wenig besser und erfolgreicher bin als ihr. Und dass manche Aussagen eines großen Mannes notgedrungen unangenehm werden können für kleinere Männer.

Ich sollte an dieser Stelle erwähnen, dass sich die vorhin beschriebene Drohgebärde des Staatsanwalts in seinem schäbigen Büro mit billigem Blick auf die höchstens zwei Meter entfernte, gegenüberliegende Hausmauer mit ihren zum Trocknen aufgehängten Badetüchern und Unterhosen zutrug. Unverständlich, dass manche Menschen freiwillig ihr gesamtes Arbeitsleben in solchen Kasematten zubringen – und eine Zumutung für mich, hier sitzen zu müssen!

„Wovon leben Sie denn eigentlich jetzt, *Signore ministro fuori servizio*?“, fragte der Staatsanwalt, um einen entspannten Einstieg bemüht.

„Oooch …“, antwortete ich souverän, „*Spaghetti, Pizza* … und natürlich Wasser, Luft und *molto amore* …!“ Sollte er nur neidisch werden, dieser Gnom mit seiner sicherlich unattraktiven, frigiden *moglie* zu Hause.

„Ah ja!“ Der Mann hatte offensichtlich keinen Humor, denn er hakte nach. „Und womit verdienen Sie das Geld für all diese *delicatezze*?“

„Oooch … Die Liebe bekomme ich von meiner Frau in jeder gewünschten Menge gratis, und den Rest finanziere ich mit Strategic Investment,

Financial Management und Systemischem Organisations-Consulting, wenn Sie überhaupt verstehen, was ich meine. Ich bin da sehr breit aufgestellt!"

„*Onorevole* Grassa", wurde er jetzt ernst, „ich bin gesetzlich dazu verpflichtet, Sie zu belehren, dass Sie die Antwort auf meine Fragen verweigern dürfen, wenn Sie ..."

„Oooch ...", unterbrach ich ihn: „Ich habe auf jede Frage die passende Antwort parat!"

„Was antworten Sie denn dann auf die Frage, warum es eine hoch gestellte Person wie Sie nötig hatte, im Dezember 2004 in der *Commendatore*-Klasse auf die Malediven zu fliegen, aber nur die Touristenklasse zu bezahlen?"

Leichter hätte er mir nicht kommen können!

„Die Stewardess hat mich dazu gezwungen! Sie wollte für ein Downgrading auf die Touristenklasse einen Kuss von mir! Den wollte ich ihr aus Sparsamkeit nicht geben ..."

„Oder vielleicht deshalb nicht, weil Ihre damalige Geliebte dabei war?"

„Nicht Geliebte!", sagte ich schroff. „Die Dame war meine Mitarbeiterin! Es war ein Arbeitsurlaub!"

„Ein Arbeitsurlaub? Im Neun-Sterne-Strandhotel am Indischen Ozean?"

„Von wegen! Die maledivische Hotelbewertung ist eine Frechheit!", empörte ich mich bewundernswert glaubhaft. „Bei uns ginge eine solche Hütte nicht einmal als einfaches *albergo* durch. Nicht einmal ein Hallenbad haben die dort! Nur einen Strand! Und statt ins Solarium muss man sich in die echte Sonne legen! Wenn Sie diese miese Bude gesehen hätten, wären sogar Sie abgereist!“

„Offenbar ein schwerer Buchungsfehler von Ihrem Freund und Berater Valter ‚Maisi‘ Maismontagnolo!“, grinste er zynisch. „Na ja, wenigstens hat er diesen ‚Arbeitsurlaub‘ für Sie ja auch bezahlt!“

„Wirklich?“, fragte ich verblüfft. „Dann habe ich vor lauter Stress vergessen, das alles zurückzuzahlen. Ich hole es sofort nach. Geben Sie mir seine Kontonummer, die haben Sie ja sicher auch gespeichert in ihrem extraklugen Dossier!“, kam ich ihm entsprechend schnippisch.

„Welche denn?“, fragte er boshaft. „Wir haben so viele Kontonummern von ihm. In aller Welt …“ Der zudringliche, kleine Bürokrat lehnte sich zurück und öffnete in seinem vorsintflutlichen Computer ein anderes Dokument: „Warum ruft eigentlich ein mit allen technischen Hilfsmitteln ausgestatteter Mensch wie Sie von der Jacht seines Freundes Giulio Mioli seinen Freund Valter ‚Maisi‘ Maismontagnolo ausgerechnet mit einem Wertkartentelefon an?“

„Weil ich gar nicht an Bord der Jacht war. Sondern in einem Schlauchboot, mehrere hundert Meter abseits! Und ich hatte mein Diensthandy an Bord des Schiffes vergessen! Außerdem, Sie haben mich abgehört? Das ist ja ein Vorgehen wie gegen einen Mafiaboss!"

„*Si*", sagte er und ließ dabei nicht einmal einen Funken an Reue erkennen. „Sie geben also zu, Gespräche über politische Dinge mit einem privaten Wertkartenhandy geführt zu haben?"

„Es war eben ein reines Privatgespräch! Ich habe ein paar Untermietzimmer gesucht. Für eine verwandte Juristin und einige mir bekannte, arme Wirtschaftsstudenten."

„Und zufälligerweise hat ihr Freund Ernesto Carlo Pleccho damals bei der Übersiedlung des Justizministeriums und der Wirtschaftsuniversität gewaltige Provisionen kassiert."

„Was?", brauste ich entsetzt auf. „Dieser Pleccho! Aber das ist wirklich ein reiner Zufall!"

„*A proposito* Zufall! Im selben Gespräch erwähnen Sie eine ‚kleine Baugesellschaft' namens ‚Rapag-Bau'. Zwei Mausklicks haben mir als Laien genügt, um zu erkennen, dass es eine solche Firma in ganz Sizilien nicht gibt."

„Ah, nicht? Schade."

„Wenn wir aber die Buchstaben ein wenig vertauschen, dann erscheint uns plötzlich der Name ‚Para-Bau-AG'. Eine unserer größten Gesellschaften! Und die hat ihrem Freund Pleccho damals die *provisioni* für seine Tipps ausbezahlt. Aber das ist sicher auch nur so ein Zufall!"

„Noch dazu ein für mich sehr unangenehmer!“, ließ ich ihn durch geschicktes Nachgeben ins Leere laufen. Aber dieser *piccolo culo* hatte offenbar wirklich nichts anderes zu tun, als ehrenwerten Leuten wie mir auf die *nervi* zu gehen!

„Und dann haben Sie auch noch über die anstehende Privatisierung der 60.000 SIVOG-Wohnungen gesprochen!“

„Nicht gesprochen!“, protestierte ich. „Ich habe diese Angelegenheit absolut *discretamente* behandelt!“

„Weniger *discretamente* war allerdings, dass Sie *signore* Montagnolo gleich darauf gebeten haben, einen Lottoschein aufzugeben.“

„Ja. Nein. Weiß nicht. Kann sein.“

„Einen Lottoschein mit den Zahlen 9-5-8-13-27-45!“

„Keine Ahnung. Und wenn, dann habe ich damals sowieso nicht gewonnen“, lächelte ich milde.

„Allerdings hat die Immoinvesto wenig später genau um 958.132.746 Euro den Zuschlag für die SIVOG-Wohnungen bekommen. Und damit genau einen Euro mehr geboten als der Mitbewerber mit 958.132.745 Euro. Oder sollte ich sagen 9-5-8-13-27-45 Euro? Wirklich seltsame Lottozahlen. Deren Ursprung nur Ihnen und Ihrer engsten Umgebung zugänglich war.“

Jetzt fiel es mir wie Schuppen von den Augen: Wie konnte denn ein Mensch wie ich, Carlo-Enrico Grassa plötzlich so viel Pech haben? Offenbar hatte sich erstmals in meinem Leben das Schicksal gegen mich verschworen!

„Eine wirklich blöde Optik," sagte ich, „aber wieder nur ein reiner Zufall. Vielleicht eine unterbewusste Erinnerung, die da aufgetaucht ist? Fragen Sie doch einen *psicologo*!"

„Und ist es auch wieder nur ein reiner Zufall, dass ihre Freunde Pietro Altocante und Valter Montagnolo für ihr Lobbying in dieser *causa* von der Immoinvesto zehn Prozent Honorar kassiert haben?" Jetzt wurde der Mann mit seinem süfisanten Grinsen wirklich lästig.

„Aber ich habe mit diesen Leuten doch nichts zu tun, außer ein paar gemeinsame Abendessen und Golfrunden vielleicht …"

„… und ein paar gemeinsamen Firmen mit den Herren Altocante, Montagnolo und Pleccho!"

„Das war vielleicht vor meiner Amtszeit. Und nachher. Ich habe so viele Firmen, Stiftungen und Depots … Einfach zwecks konservativer Veranlagung … Familienvorsorge, Sie verstehen? Fragen Sie meinen Steuerberater!"

„Das haben wir natürlich längst getan …", setzte er an.

Jetzt war das Maß voll. So ein Rüpel! Mir derartig frech mit *corruzione* in Verbindung zu bringen! Eine Ungeheuerlichkeit!

„Wissen Sie was?", sprang ich auf. „Sie haben es erreicht. Meine Antworten waren sehr, sehr erschöpfend. Ich muss mich erholen. Auf Wiedersehen!"

„Worauf Sie sich verlassen können, *onorevole* Grassa!"

5. KAPITEL

Io accuso!

Die mit mir leidenden Leserinnen und Leser fragen nach der vorhin dokumentierten Szene sicherlich, wie es zu einer solchen Erniedrigung überhaupt kommen konnte.

Die Antwort besteht aus drei Worten: Neid, Neid, Neid!

Denn wenn schon ein Prophet im eigenen Land üblicherweise nichts gilt, dann muss ein Mann meines Kalibers natürlich gleich gehetzt, verletzt und zerfetzt werden.

Ganz überraschend kam das alles ja nicht. Denn kaum war ich den Niederungen der Politik entwachsen, setzte ich meinen Weg zum Leidwesen meiner Kritiker unbeirrt erfolgreich fort. Während meine ehemaligen Regierungskollegen in der Privatwirtschaft natürlich keinerlei Chance hatten und sich auf hinteren Bänken an ihre Mandate klammern mussten, konnte ich mich vor einschlägigen Angeboten kaum retten, nämlich vor der Einladung meines *amico intimo* Giulio Mioli, gemeinsam mit ihm ein total innovatives Kapitalanlage-Produkt zu entwickeln: „Mioli International Shower".

Die Ich, Carlo-Enrico-Grassa-AG. Dieser Giulio Mioli V. war *un verissimo* Vollprofi und wusste genau, was er als solcher zu tun hatte. Die altvaterischen Zitronenpressen und Marktbuden seiner Familie war er bei günstigem Wind losgeworden, freilich nicht ohne das Kronjuwel, einen Delikatessenstand in bester Lage auf dem *Mercato di Capo* in Palermo, zu behalten. Dort kann er seither immer günstig einkaufen und seine Familie mit ausgewogener Mischkost von guter Qualität verpflegen. Geschickt, nicht wahr?

Auf dieser soliden Basis hatte er eine Wechselstube gegründet. Blöd nur, dass nach Einführung des Euro eigentlich niemand mehr Geld wechseln wollte, also musste ein neues Geschäftsmodell her. In dieser *situazione* kam ihm der Grassa-Scodella-Kurs in der Politik natürlich total gelegen, ja er schien geradezu für ihn gemacht. Denn dank unseres Leitspruchs „Nie mehr mit Arbeit Zeit verschwenden – lukriere auf Emerging Markets Dividenden!“ suchten damals, in den ersten Jahren des neuen Jahrtausends, Millionen Sizilianerinnen und Sizilianer jemanden, der ihnen den Kampf mit diesen schwierigen Fremdwörtern abnahm.

So wurden wir Freunde. Und Giulio landete den Coup seines Lebens, den Investmentfonds „MAW – Mioli American Water“! Der versprach seinen Anlegern, top-geratete Premium-Gewässer in der Neuen Welt wie den Amazonas, den

Orinoco und den Michigansee zu kaufen und zu bewirtschaften. Der witzige Werbespot, in dem ein Mann sein Sparbuch ohrfeigt, weil es nicht so viele Zinsen abwirft wie der MAW-Fonds, ist noch heute in Sizilien legendär. Waschkorbweise brachten kleine *lavoratori* und *mercanti* ihr Geld vorbei, und so wurde „Mioli American Water" zum Star der Börse von Palermo im Jahr 2006. Leider nur bis 2007.

In dieser Situation traf es sich gut, dass mit mir gerade eine *via televisione* in allen Wohnzimmern gern gesehene Markenpersönlichkeit frei war, um das nächste *progetto* zu promoten, eben „Mioli International Shower". In großem Stil wollten wir Duschen und ganze Badezimmer in aller Welt erwerben und dann den Leuten gewinnbringend zurückvermieten. Und als CEO des darübergestülpten Management-Boards und Chefstratege des gesamten Financial engineering war niemand Geringerer ausersehen als ich, Carlo-Enrico Grassa.

Klingt einfach, war aber ziemlich hart, mit Einsatz rund um die Uhr, manchmal sogar bis drei Uhr nachmittags! Dann musste mir meine Frau den Smoking für abendliche Einladungen ins Büro nachbringen. Gott sei Dank lag es gleich unterhalb unseres begehbaren Kleidersaals, sonst wären wir womöglich zu spät gekommen.

In diesen Jahren nach meinem Ausstieg aus der Politik lernten wir ein beschauliches Leben in un-

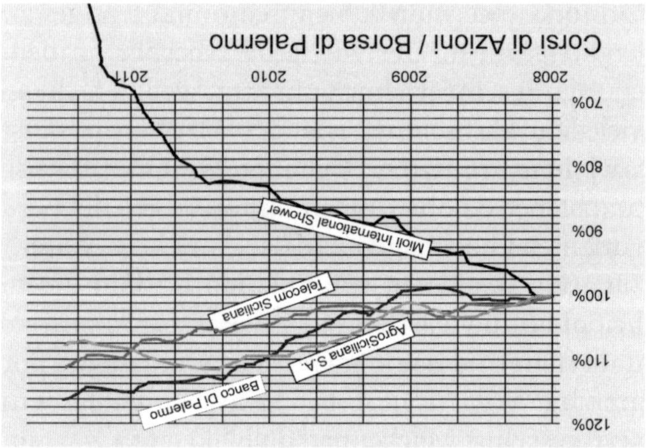

Beim von mir geleiteten Investmentfonds Mioli International Shower zeigten die Börsenkurse im Gegensatz zu anderen Unternehmen steil nach oben. – 2011

serem gemütlichen Heim schätzen, weit abseits des oberflächlichen Rummels der Seitenblicke-Gesellschaft.

Ich hatte ja schon immer den Wunsch gehegt, meiner kleinen Familie ein Nest zu bauen. Der Zufall wollte es, dass damals endlich auch die Erzdiözese Palermo ihre eigene Unzulänglichkeit als Hausherr einsah und sich von einigen Immobilien trennte. Also kratzte ich die Ersparnisse meiner Stiftungen zusammen und erwarb das unausgebaute Dach des *Duomo Maria Santissima Assunta*, wo ich ein schlichtes Bauernhaus im südsizilianischen Stil errichten ließ. Nichts Besonderes, gerade groß genug für einen Outdoor-

Pool und eine Indoor-Kart-Bahn und mit genügend Auslauf für unsere Pferde. Natürlich gab es anfangs Beschwerden störrischer Anrainer, wenn wir den Hubschrauberlandeplatz neben dem *campanile* benutzten, doch insgesamt war es kein Luxusleben da oben, alleine schon wegen des permanenten Glockengebimmels!

Partys besuchten wir nur dann, wenn einen dort nicht zu viele Fernsehkameras am Abtanzen hinderten. Und das auch nur von Donnerstag bis Sonntag. Von Montag bis Mittwoch gaben wir nämlich selbst welche, und da blieb einfach keine Zeit, um zusätzlich noch anderswohin auszugehen.

So war ich, Carlo-Enrico Grassa, also damals gegen Ende der Nuller-Jahre, endlich angekommen. Bei Flora, in einer entsprechenden gesellschaftlichen Position – und bei mir selbst. Mit knapp vierzig Jahren fühlte ich mich reif, um – im tantrisch-buddhistischen Sinne gesprochen – die höchste Stufe der Weisheit zu erklimmen, jene eines Gurus, der seine Schüler zum gemeinsamen Vorteil um sich schart. Oder – im astronomischen Sinne – jene Sonne zu sein, deren vornehmste Pflicht darin besteht, sich von ihren Planeten umkreisen zu lassen und sie zu bescheinen.

Oh, wie habe ich, Carlo-Enrico Grassa, mich in diesem Sonnensystem getäuscht! Wie wurde ich von ihm getäuscht! Und wie bin ich heute von ihm enttäuscht!

Der Feind kam aus Amerika. Von der amerikanischen Westküste kam ja noch nie etwas Gutes. Wer jemals Mondavi-Weine trinken oder Beach Boys-Musik hören musste, der weiß, was ich meine. Irgendwann im Frühjahr 2007 aber setzte man von dort aus zum weltweiten Angriff auf mich an!

Irgendeiner da drüben konnte die Kreditraten für seine Wellblechhütte nicht mehr bedienen. Und die davon ausgehende weltweite, sogenannte „Subprime-Krise" machte vor Sizilien nicht Halt. Obwohl ich versuchte, unsere Insel zu beschützen, indem ich mich dem Kurssturz an der Börse von Palermo mit ein paar wagemutigen Duck-Dives auf meinen selbstgebauten finanziellen Freestyle-Boards entgegenwarf. Vergeblich! Ganze Portfolios von Hypothekenkrediten in Special Purpose Vehicles konnten nicht mehr als Mortgage Backed Securities an die Investoren weitergegeben werden, weshalb die strukturierte Verbriefung größerer Tranchen von Collateralized Debt Obligations an der Bonitätsbeurteilung der Ratingagenturen scheiterte … Aber ich will Sie hier nicht mit längst bekannten Details langweilen, die Sie ohnehin nicht verstehen.

In der nächsten Angriffswelle setzten sich die Medienmärkte in Bewegung. Und direkt auf mich zu. Lästige Fragen wurden gestellt: Ob „Mioli International Shower" überhaupt jemals reale Geschäfte gemacht hätte? Ob unsere Management Fee wirklich höher gewesen sei als der Umsatz? Und womit ich mein Pent-Bauernhaus auf dem *Duomo di Palermo* wirklich finanziert hätte?

Scusi, aber meine Antwort musste immer lauten: „Geschäftsgeheimnis!" – Diskretion ist nun einmal das wichtigste Kapital von *manageri* wie mir, Carlo-Enrico Grassa.

Und dann kam auch noch diese Anzeige. Und die Vernehmung durch diesen im Leben zu kurz gekommenen, rachsüchtigen Staatsanwalt.

Natürlich blieb ich gelassen. Mir war ja sicher nichts nachzuweisen. Ich hatte immer nur an das Gemeinwohl gedacht! Daher wollte ich sofort alles offenlegen. Aber es ging nicht. Man stelle sich vor! Das Bankgeheimnis ist in auf manchen Karibik-Inseln dermaßen brutal, dass die nicht einmal gegenüber dem Eigentümer selbst den Kontostand herausgeben. Es war alles sehr, sehr schwierig.

Als ich das dem Staatsanwalt berichtete, da zog der zur Unterstützung für seine Mutmaßungen ganze Pakete mit Kontoauszügen hervor. Von meinen *conti*! Na, ich wäre dem Mann am lieb-

Mit meiner Frau bewohne ich einen bescheidenen Dachbodenausbau im Dom von Palermo, wo wir Tomaten und Pferde züchten.

sten um den Hals gefallen vor Dankbarkeit! Dafür, dass er mir die Arbeit abgenommen hatte, ein wenig Überblick über meine zahlreichen *attività finanziarie* der letzten Jahre zu gewinnen.

Ich warf einen gelangweilten Blick darauf und prallte erschrocken zurück. Auf manchen Konten befand sich einfach zu viel Geld!

Natürlich hatte ich da und dort vor lauter Arbeitsüberlastung auf ein Aktiendepot oder ein Konto vergessen. Oder auch darauf, Steuern zu bezahlen. *Madre mia,* das passiert aber auch Leuten, die weniger um die Allgemeinheit besorgt sein müssen als ich.

„Wo kommt denn all das Geld her?“, fragte ich.

„Das würden wir auch gerne wissen“, meinte der *avvocato di stato* süffisant.

„Mir reicht es“, sagte ich daraufhin. „Es gibt viele Beweise dafür, dass ich kein faires Verfahren habe, und man mir schaden will. Mir wird dadurch großer wirtschaftlicher Schaden zugefügt, und meine Reputation und mein Ansehen in der Öffentlichkeit werden schwerstens beschädigt. Ich bin irgendwie sprachlos bei den Dingen, die Sie mir sagen. Dass das Land so korrupt ist und so *merdoso* funktioniert und so politisch gelenkt ist, macht mich wirklich sprachlos!“ (*Merdoso* = ital. eigentlich etwas anderes, aber wir wollen hier mit Rücksicht auf Carlo-Enrico Grassas Reputation das Wort „unzulänglich“ verwenden. Anm. d. Ü.)

Es gilt die Schuldvermutung. An dieser Stelle muss die Beschreibung des segensreichen Wirkens von Carlo-Enrico Grassa einfach enden. Es erreichte uns allerdings ein Schreiben seines Rechtsanwalts, *dottor* Manfredo Uneddoni, in dem dieser auf die bislang ungeklärten Vorgänge rund um seinen Mandanten eingeht.

Avvocato Uneddoni ist in ganz Sizilien als besonders zurückhaltender Mann von bescheidenem Auftreten bekannt, der sehr selten in die Schlagzeilen gerät, etwa wenn er einen rein zufällig des Weges kommenden Justizminister in einem besseren *ristorante* trifft und mit ihm juristische Fachfragen erörtert.

Wir wollen unseren Leserinnen und Lesern seine Stellungnahme daher nicht vorenthalten.

Werte Autoren!

Ihr Buch „Ich, Carlo-Enrico Grassa!“ strotzt vor Unterstellungen und Unwahrheiten, die nicht unwidersprochen bleiben dürfen. Ich verlange daher namens meines Mandanten, Herrn Carlo-Enrico Grassa, ministro delle finanze fuori servizio, derzeit wohnhaft in Palermo, Piazza dell' Duomo No.1/Attico, die Veröffentlichung der folgenden

ENTGEGNUNG

1. *Sie behaupten in Ihrem Druckwerk „Ich, Carlo-Enrico Grassa!“ auf Seite 72: „Je näher Palermo kam, desto freudiger schnurrten die zwölf Nockenwellen meines Alfa Romeo Spider.“*

   Diese Darstellung ist unrichtig. Wahr ist vielmehr, dass mein Mandant zum fraglichen Zeitpunkt 1998 keinen Alfa Romeo Spider fuhr, sondern ein Lancia Kappa Coupé, und hatte dieses auch nicht zwölf Nockenwellen, sondern sechzehn!
2. *Sie behaupten weiters auf Seite 125, es hätte Herr Valter „Maisi“ Maismontagnolo für meinen Mandanten „doch tatsächlich ein lang-*

weiliges Neun-Sterne-Urlaubsresort (...) gebucht."

Diese Behauptung ist ebenfalls unrichtig. Wahr ist vielmehr, dass die maledivische Hotel-Kategorisierung bei maximal 6 Sternen endet und signore Maismontagnolo somit die von Ihnen genannte Buchung gar nicht gemacht haben kann.

3. *Schließlich schreiben sie auf Seite 165 f., die Antworten meines Mandanten gegenüber der Staatsanwaltschaft seien „sehr, sehr erschöpfend" gewesen.*

   Diese Darstellung ist missverständlich und ist hier der Begriff „erschöpfend" nicht körperlich zu verstehend sondern als Synonym für „vollständig". Ihr Einverständnis zu dieser Interpretation vorwegnehmend, stelle ich fest, dass dies auch der von mir stets vertretenen Ansicht entspricht, dass es in allen Verfahren nichts gibt, wo man staatsrechtlich einhaken könnte.

Mehr will ich zu Ihrem Buch nicht sagen. Außer dass hier endlich einige Missverständnisse aufgeklärt werden. Wenn Sie z. B. andeuten, dass während der Regierungszeit von ministro Carlo-Enrico Grassa am Rande staatlicher Milliardengeschäfte immer wieder Geld geflossen sei, so ist dazu festzuhalten: Geld ist zum Fließen da. Wozu sonst? Und es floss immer nur für angemessene, hilfreiche Leistungen. Wobei man über Begriffe wie „angemessen", „hilfreich" und „Leistung" natürlich immer verschiedener Meinung sein kann.

Darüber hinaus fällt mir zu Ihrem Buch nichts ein. Das einzige, was mir doch noch einfällt, ist: Warum würdigte eigentlich bisher niemand, dass die an Pietro Altocanto, Valter Maismontagnolo, Ernesto Carlo Plecchо und andere im Zuge staatlicher Geschäfte ausbezahlten Provisionen nur dazu dienten, wertvolles Steuergeld im eigenen Land zu halten? Jawohl, im eigenen Land! Denn auch die Schweiz, Aruba und Barbuda sind eigene Länder. Irgendwo. Und das Wort „Provision" besteht ohnedies bezeichnenderweise nur aus den positiven Begriffen „pro" und „Vision".
Weitere Stellungnahmen möchte ich nicht abgeben. Außer zur Tatsache, dass hier dankenswerterweise Ermittlungsfehler der Polizei enthüllt werden. Als Herr Valter „Maisi" Maismontagnolo (vgl. S. 123) während eines Telefonats mit meinem Mandanten auf hoher See verzweifelt fragte „Wo war meine Leitung?", so wollten die staatlichen Organe eine technische Störung offenbar nicht wahrhaben – und veränderten das Wort „Leitung" in ihren Abhörprotokollen in einer meinen Mandanten belasten wollenden Weise selbstherrlich in „Leistung". Was natürlich bösartig missverstanden werden konnte.

Sollten darüberhinaus in Zukunft weitere Abhörprotokolle auftauchen, so sei bereits jetzt festgehalten: Erstens wussten signor Carlo-Enrico Grassa und seine Gesprächspartner natürlich, dass sie abgehört wurden. Sonst hätten sie niemals derart witzige, pointierte und natürlich erfundene Geschichten erzählt. Die sizilianische Polizei fiel ihnen dann prompt auf ihre Spaß-Dialoge herein. Zweitens zweifle ich an, ob die abhörenden Beamten überhaupt schreiben und lesen können. Zuhören können sie jedenfalls nicht. Und drittens ist auch der Einsatz von Stimmen-Imitatoren im Dienste der Staatsanwaltschaft nicht gänzlich auszuschließen.

Das ist die Wahrheit, die ganze Wahrheit, ja sogar mehr als die Wahrheit! Und sollte jemand etwas anderes behaupten, so gilt für ihn die Schuldvermutung.

Cordiali saluti!

Dott. Manfredo Uneddoni
Avvocato, Palermo

Nachwort
Ein Mann, zu groß für nur ein Leben!

Sizilien ist, wie gemeinhin bekannt, eine Insel. Vor allem ist es in den Köpfen seiner Bewohnerinnen und Bewohner eine *Isola delle Delfundi*, eine Insel der Seligen. Daher hält man sich dort gerne für eine Art Nabel der Welt, jedenfalls aber für wichtiger als man wirklich ist.

Eine Brücke zwischen Ost und West, zwischen Okzident und Orient, bildete das Land vielleicht früher im großen völkerverbindenden Römischen Reich. Aber das existiert nur mehr in langweiligen Schulbüchern und in Gestalt altmodischer Bauten, deren Denkmalschutz jedem kostenbewussten Facility-Manager die Graus-Zitronen aufsteigen lässt. Heute beschränkt sich die Bedeutung Siziliens auf seine bekanntesten Exportartikel: fettes Essen, die rücksichtlos intonierte Musik eines DJ Etni und eine angeblich leichtfüßige Lebensart, gerne selbstgefällig *comodità siciliana* genannt.

Der bekannte Schriftsteller Carlo Crauso („*Gli ultimi giorni dell'umanità*") sagte einmal: „Sizilien und Italien unterscheiden sich vor allem durch die gemeinsame Sprache." – Und das bringt die Sache auf den Punkt. Vor allem das uralte Missverständnis um den angeblich typisch sizilianischen Humor, den *scmeo siciliano*. Der besteht nämlich im Wesentlichen aus zwei rhetorischen Kunstkniffen: erstens der *Diminutiv-Obsession*, also der zwanghaften sprachlichen Verkleinerung, und zweitens der *Permanenz-Euphemisierung*, bei der alles Negative so lange beschönigt wird, bis es sich scheinbar ins Positive verkehrt.

So trinkt der Sizilianer niemals ein „Glas" Wein, sondern höchstens ein *piccolo bicchierino* (ein „kleines Gläschen"), und auch das nur, bis er mit einem *ebbrezzino* (einem „Räuscherl") *un poco* unter dem *tavolino* liegt.

Ähnlich funktioniert die Euphemisierung: Beschimpft ein Italiener einen anderen, so benötigt er dafür genau ein Wort: *„Idiota!"* Wie anders hingegen der Sizilianer! Der benützt in einem solchen Fall die kunstvoll beschönigende Formulierung: *„Idiota bella!"*

Fazit: Die Anzahl der Worte wurde verdoppelt, und am Ende weiß sich der hypersachliche Mensch aus Rom, Mailand oder Triest nicht mehr anders zu helfen, als eine solche Beschimpfung auch noch *molto simpatico* zu finden.

Auf diese Weise hat sich zwischen Italien und Sizilien im Verlauf der Jahrhunderte so etwas wie eine tiefe Freindschaft – man könnte auch sagen Feundschaft – entwickelt. Produziert der große Bruder im Norden zum Beispiel mit seinen Fiats, Alfa Romeos und Ferraris die tollsten Autos (die manchmal sogar fehlerfrei funktionieren), so liefert ihm der kleine Bruder im Süden die Reiseziele, um hinzufahren, namentlich natürlich im *Ferragosto*. Kämpft die italienische Fußballmannschaft zum Wohle der ganzen Nation regelmäßig um Weltmeistertitel, so dient ein Spiel der sizilianischen Auswahl gegen die italienische ebenfalls der nationalen Identität, nämlich der Hoffnung auf ein Wunder.

Es war für einen einzigartigen, jungen Mann wie Carlo-Enrico Grassa in den 1960er Jahren daher ziemlich unpassend, sich ausgerechnet in Agrigento zur Welt bringen zu lassen. New York oder Paris, aber auch Hannover oder Krefeld wären sicher angemessener gewesen. Und doch: Er, Carlo-Enrico Grassa, hat diese Herausforderung angenommen. Mutig. Entschlossen. Und *con magnifico successo*!

Um die Bedeutung Carlo-Enrico Grassas für Sizilien ermessen zu können, muss man sich einmal vorstellen, wie das Land heute ohne ihn aussähe: Ohne ihn müssten sich die Menschen immer noch von der Wiege bis zur Bahre von Zwangsversicherungen versorgen lassen. Sie müssten in staatlichen Betrieben arbeiten, und sie würden die aufregende, tägliche Suche nach den besten Telefon-, Strom – und Benzinpreisen vermissen, weil ihnen derlei ebenfalls die Regierung vorgäbe! Mit ande-

ren Worten: Die Menschen – wir alle! – müssten leben wie im vorigen Jahrtausend!
Er, Carlo-Enrico Grassa, war jener Mann, der diese eintönige Bevormundung endlich abgestellt hat. Der Sizilien von einer unwürdigen, langweiligen, gleichmacherischen Sklavenhaltergesellschaft in eine Welt der freien Märkte verwandelt hat!

Und wir müssen es am Ende nachdrücklich festhalten: Ihm, Carlo-Enrico Grassa, wurde für diese großen Leistungen viel zu wenig gedankt, ja es wurde ihm großes Unrecht angetan!

Dass er sich beim Entzünden dieses *fuoco della libertà* auf viele treue *compagni* stützen musste, liegt in der Natur der Sache.

Und dass dabei manchmal vielleicht mehr Späne flogen, als eigentlich Holz gehobelt wurde, war einfach nicht zu vermeiden.

Denn über allem gilt: Er, Carlo-Enrico Grassa, ist und bleibt der *grandissimo dei grandi*, der *primo dei primi*, der *capo dei capi*!

Eigentlich wäre es an der Zeit, sich kollektiv bei ihm zu entschuldigen und ihn zurück auf die politische Bühne zu bitten. Schon alleine deshalb, weil Sizilien dann endlich jene First Lady bekäme, die sich sein Fernsehprogramm schon lange wünscht.

Sollte dies allerdings nicht der Fall sein, so sei abschließend klargestellt: Es stimmt zwar, dass Uruguay als eines der sichersten Länder Südamerikas gilt. Aber es stimmt nicht, dass Carlo-Enrico Grassa in letzter Zeit auffallend oft dort war. Und er hat dort auch sicher keine 2.000-Hektar-Hacienda gekauft. Und schon gar nicht im Nobelvorort El Pinar von Montevideo. Und beim lokalen Immobilienmakler wäre er in diesem Fall nur gewesen, weil das ein alter *amico* von ihm ist.

Gli autori
Giovanni Uccellatore
Io Steccòli

CEGs Diplomarbeit im vollen Wortlaut

Die im Folgenden abgedruckte Diplomarbeit aus der Feder des erst 23-jährigen Carlo-Enrico Grassa gilt in der Geschichte der Forschung zu Recht als einzigartig. Niemals zuvor war eine wissenschaftliche Arbeit so sehr über jeden Plagiatsverdacht erhaben. Sie wurde daher von Grassas väterlichem Freund und Lehrer Professore Eriberto Coflerio auch mit der bisher erst ein Mal vergebenen Note „Besser als sehr gut“ beurteilt.

Die Ges.m.b.H. am Beispiel der Insel Malta

Diplomarbeit für Wirtschaftswissenschaften, eingereicht von Carlo-Enrico Grassa, Agrigento.

Vorwort

In dieser Arbeit mit dem Titel „Die Ges.m.b.H. auf der Insel Malta“ geht es um die Ges.m.b.H. auf der Insel Malta. Ich widme diese Arbeit, in der es um die Ges.m.b.H. auf der Insel Malta geht, in tiefer Dankbarkeit meinen Eltern, die mir unter großen Entbehrungen das Studium ermöglicht haben. Sie besaßen nämlich keine Ges.m.b.H auf der Insel Malta.

1. Teil: Zur Klärung der Begriffe und zur Methodologie dieser Arbeit

Die Abk. „Ges.m.b.H." bedeutet e. sog. „Gesellschaft mit beschränkter Haftung", also eine Gesellschaft, bei der die Haftung der Eigentümer beschränkt ist.

Eine Insel wiederum ist ein relativ kleines Stück Land, d. ausschließlich v. Wasser umflossen ist, also ungefähr so ähnlich wie Sizilien.

Die Republik Malta liegt auf 3 solchen sog. „Inseln", die aber nicht alle Malta heißen können, weil es sonst ziemlich verwirrend wäre. Deshalb gibt es in der Republik Malta nur 1 Insel mit d. Namen Malta, u. die 2 anderen heißen anders.

Infolge dieser Erkenntnis erweitere ich, Carlo-Enrico Grassa, diese Diplomarbeit auf alle 3 Inseln, die ich aber u. d. N. „Malta" zusammenfasse.

Dann gibt es noch 4 andere Inseln, die auch andere Namen haben, soweit ich mich erinnern kann, die aber f. d. vorliegende Untersuchung keine Rolle spielen, weil dieselben unbewohnt sind. Außer von Tieren, welche aber keine Ges.m.b.H. gründen dürfen. Wenn es sie gibt.

2. Teil: Meine These

Die Ges.m.b.H. gibt es auf der Insel Malta gar nicht.

3. Teil: Beweisführung

3.1. Malta ist ein Staat, der i.w. von Menschen bewohnt wird u. zw. v. ca. 400.000 sog. „Maltesern“. Sie sprechen Maltesisch u. Englisch (Quelle: Frau Bertinotti vom Reisebüro „Sun-Tours“, Agrigento).

3.2. Das, was wir „Ges.m.b.H.”, also „Gesellschaft mit beschränkter Haftung“ nennen, heißt in Malta auf englisch „Limited Liability Company“ bzw. auf maltesisch „Kumpannija b’responsabbiltà limitata“.

3.3. Das klingt aber ganz anders als „Ges.m.b.H.“, d.h. dieselbe existiert auf Malta gar nicht.

3.4. Quod erat demonstrandum.

Verwendetes Material

Im Rahmen meiner Feldforschungen stützte ich mich vor allem auf eine Primärquelle:

„Malta entdecken“, hg. vom Maltesischen Fremdenverkehrsverband, Valletta, 1989. (Davon insbesonders S. 3)

Außerdem ging ich mehrmals an der Universitätsbibliothek Agrigento vorbei und führte ein Tiefeninterview mit der General Managerin des Reisebüros „Sun-Tours“, die eine Freundin meiner Mutter ist und sich, während sie zwei Wochenend-Flüge nach Malta verkaufte, die Zeit nahm, alle meine Fragen erschöpfend zu beantworten. Herzlichen Dank!

Ehrenerklärung

Ich, Carlo-Enrico Grassa, erkläre hiermit ehrenwörtlich, dass ich die vorliegende Arbeit eigenhändig und ausschließlich unter Verwendung der hier angegebenen und zitierten Unterlagen verfasst habe. Und dass ich sicher nirgends etwas ohne Quellenangabe kopiert habe.

So wahr mir Gott helfe!

Volfgango Scodella: Die CEG-Karikaturen – *Esclusivo!*

In den Jahren 2000 bis 2006 dokumentierte primo ministro Volfgango Scodella – nebenbei immer schon ein Karikaturist von großer Begabung! – die Arbeit seiner Regierung auch mit dem Zeichenstift.

Kunstkenner und Kritiker würdigen daran den „kühnen Mut zum endogenen Strich mit seiner autochthonen Wucht", der den Künstler Volfgango Scodella „mit einem Schlag in die Spitzengruppe international anerkannter Grafiker des Art brut mit ihrer antiakademischen Ästhetik einreiht!"

Hätte Volfgango Scodella sich nicht der Politik, sondern ausschließlich seinem zeichnerischen Talent gewidmet, so heißt es wiederholt, dann „hätte er mit der Bildenden Kunst wohl dasselbe zustandegebracht, wie mit der Politik in Sizilien!"

Scodellas Lieblings-Sujet in dieser Zeit war selbstverständlich sein ministro delle finanze, Carlo-Enrico Grassa, wer sonst? Einige seiner Arbeiten können wir hier beispielhaft wiedergeben, um dem kunsthistorischen Gedächtnis der Welt wenigstens ein klein wenig von diesem gewaltigen Oeuvre zu erhalten. Denn die meisten

Arbeiten Volfgango Scodellas wurden unverständlicherweise bisher nicht veröffentlicht.

„Zu perfekt, zu vollkommen, zu tadellos!“ – Briefe, E-Mails und Taschentücher an Carlo-Enrico Grassa

Unzählig sind die Vertrauens- und Beifallskundgebungen, die Carlo-Enrico Grassa in der letzten Zeit aus allen Bevölkerungsschichten erreichten. Darunter befinden sich herkömmliche Briefe, Karten und Unterschriftenlisten genauso wie E-Mails und Postings, aber auch völlig neuartige Bewunderungsausdrucksinstrumente wie Geldscheine, Bar-Einzahlungen und ganze Stiftungen in der Schweiz.

Sie alle werden im Museo Carlo-Enrico Grassa – Documentazione per un grande uomo, *an der Piazzale Carlo-Enrico Grassa in Agrigento sorgfältig konserviert und aufbewahrt. Einige besonders aussagekräftige Beispiele finden Sie hier.*

Onorevole Grassa!

Fünfunddreißig Jahre haben meine Frau (72) und ich (78) in einer Wohnung der staatlichen Wohnbaugesellschaft SIVOG gewohnt. Seit diese mit der tatkräftigen Mithilfe von Ihnen und Ihren Freunden privatisiert wurde, war endlich Schluss mit den viel zu günstigen Mieten und Betriebskosten.

Wir stellten fest: Es ist enorm, wie viel Geld unserem Staat da in den letzten Jahrzehnten entgangen ist. Wir waren *scmarozzi* und *nixnuzzi*! Ein großer *scandalo*!

Natürlich konnten wir als *pensionisti* uns die neue, hohe Miete nicht leisten und wohnen jetzt manchmal hier, manchmal dort, meistens aber nirgends so richtig. Das hält jung und beweglich, sagt meine Frau. Und ich würde das genauso sehen, wenn sich durch den ständigen Aufenthalt im Freien nicht mein Rheumatismus ziemlich verschlechtert hätte.

Aber egal. Durch unseren Auszug ist jetzt wenigstens ein wohnungssuchender, notleidender, junger Immobilienmakler zu einem schönen, großen *appartamento* gekommen. Und das alles Dank Ihnen, *signor* Grassa! Bravo! Giaccomo Vecchio,
dzt. *sotto Ponte Nuovo*, Catania

Machen Sie sich nichts draus, dass Sie jetzt so verfolgt und angefeindet werden. Wahrscheinlich sind Sie zu perfekt, zu vollkommen, zu tadellos und mit einer zu schönen Frau verheiratet, um in Sizilien dauerhaft Erfolg zu haben. Gott segne Sie!
eine alte *nonna*, per E-Mail

Machen Sie sich nichts draus, dass Sie jetzt so verfolgt und angefeindet werden. Wahrscheinlich sind Sie zu perfekt, zu vollkommen, zu tadellos und mit einer zu schönen Frau verheiratet, um in Sizilien dauerhaft Erfolg zu haben. Gott segne Sie!
ein junger *studente*, per E-Mail

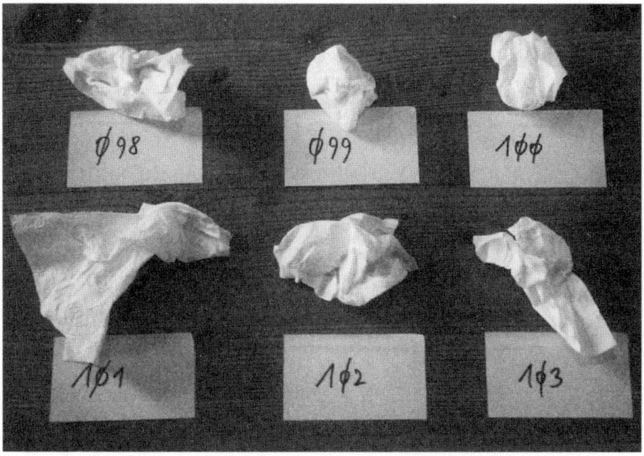

Berührend: Die an Carlo-Enrico Grassa geschickten, in Sorge um sein Wohl durchgeweinten Taschentücher aus allen Teilen des sizilianischen Volkes.

Machen Sie sich nichts draus, dass Sie jetzt so verfolgt und angefeindet werden. Wahrscheinlich sind Sie zu perfekt, zu vollkommen, zu tadellos und mit einer zu schönen Frau verheiratet, um in Sizilien dauerhaft Erfolg zu haben. Gott segne Sie!

ein ehrlicher *lavoratore*, per E-Mail

Machen Sie sich nichts draus, dass Sie jetzt so verfolgt und angefeindet werden. Wahrscheinlich sind Sie zu perfekt, zu vollkommen, zu tadellos und mit einer zu schönen Frau verheiratet, um in Sizilien dauerhaft Erfolg zu haben. Gott segne Sie!

eine fleißige *segretaria*, per E-Mail

Machen Sie sich nichts draus, dass Sie jetzt so verfolgt und angefeindet werden. Wahrscheinlich sind Sie zu perfekt, zu vollkommen, zu tadellos und mit einer zu schönen Frau verheiratet, um in Sizilien dauerhaft Erfolg zu haben. Gott segne Sie!

ein tüchtiger *direttore generale*, per E-Mail

Machen Sie sich nichts draus, dass Sie jetzt so verfolgt und angefeindet werden. Wahrscheinlich sind Sie zu perfekt, zu vollkommen, zu tadellos und mit einer zu schönen Frau verheiratet, um in Sizilien dauerhaft Erfolg zu haben. Gott segne Sie!

eine sehr kritische *professoressa*, per E-Mail

Machen Sie sich nichts draus, dass Sie jetzt so verfolgt und angefeindet werden. Wahrscheinlich sind Sie zu perfekt, zu vollkommen, zu tadellos und mit einer zu schönen Frau verheiratet, um in Sizilien dauerhaft Erfolg zu haben. Gott segne Sie!

ein besorgter *Monsignore*, per E-Mail

Machen Sie sich nichts draus, dass Sie jetzt so verfolgt und angefeindet werden. Wahrscheinlich sind Sie zu perfekt, zu vollkommen, zu tadellos und mit einer zu schönen Frau verheiratet, um in Sizilien dauerhaft Erfolg zu haben. Gott segne Sie!

der besorgte *Präsident des Atheistenverbandes*, per E-Mail

Prof. dott. Andrea Cavolo
Presidente del' Parlamento di Sicilia,
fuori servizio
Presidente della Federazione di Seniori dell PDP

Carissimo Carlo-Enrico!

Wie Du weißt, gebe ich ungern Fehler zu, aber in Deinem Fall muss ich eine Ausnahme machen: Jawohl, ich habe in der entscheidenden Sitzung im *ottobre* 2006, als Du neuer *capo* der PDP werden solltest, gesagt, Du seist zu jung, zu schön und zu intelligent für unsere Partei. Das war sehr ungeschickt formuliert.

Eigentlich wollte ich ja sagen: Wir sind zu alt, zu hässlich und zu dumm für Dich, um Deiner würdig zu sein.

Ach, hätten mich diese *idioti* damals nur richtig verstanden! Mit Dir an unserer Spitze wäre alles anders gekommen. Und viel besser!

Bitte erweise einem alten Mann wie mir die Gnade Deiner Großzügigkeit und verzeihe mir! Es geht um mein Seelenheil. Für Dich und Deine charmante Gattin stehen in unserer *veranda* immer zwei *espresssi* und ein großer *strudlo di mele* bereit!

Ciao,

Dein Andrea

Flora Bukowski: Hundert Tipps zum Fast-so-cool-Sein, wie mein Mann das sein tut – *Esclusivo!*

Als erstes müssen Sie so eine tolle Frisur haben, wie mein Mann, Carlo-Enrico Grassa sie haben tut, und dafür müssen Sie natürlich vorher noch wissen, wo er seinen ganz besonders stabilen Haarfestiger kauft, aber das sagt er nicht einmal mir.

Sie müssen so wie mein Mann, Carlo-Enrico Grassa, auch etwas mit Akten und Optonen machen. Und natürlich im Ausland, weil ich weiß nicht, wie mein Mann, Carlo-Enrico Grassa, es macht, aber immer wenn er nach Zypern, auf die Jungferninseln oder nach Liechteinstein fährt, kommt er mit ganz viel Geld zurück.

Wenn Sie, so wie mein Mann, Carlo-Enrico Grassa, auf einem Society-Event vom TV um eine Wortspende gebeten werden, ist es nicht wichtig, was Sie sagen, sondern dass Sie gleich selbst drüber lachen. Sonst schneiden die das nämlich raus!

Überhaupt müssen Sie sich auf auf Ihre Medienauftritte so supergut vorbereiten wie mein Mann, Carlo-Enrico Grassa. Der lässt sich von mir auch die Antworten auf Fragen abprüfen, die man ihm gar nicht stellt.

P.S.: Ich weiß natürlich, dass das jetzt noch keine hundert Tipps waren, sondern erst drei. So gut kann ich auch rechnen Aber das klingt einfach nicht stylish genug für einen Titel.

Personenverzeichnis / Indice di personaggi

AIDERO, JORGO – Über ihn und sein tragisches Ende etwas zu sagen, hieße Säulen auf die Akropolis zu tragen: Lamborghini, literweise Lambrusco, Linkskurve vor San Lambretto, das muss an Stichworten hier reichen. Unter den zahlreichen Theorien, die sich um seinen Tod ranken, ist eine – die vielleicht wichtigste! – bisher zu wenig beachtet worden: War es Selbstmord aufgrund von Eifersucht und Neid gegenüber seinem so erfolgreichen Ex-Sekretär Carlo-Enrico Grassa, der alles erreichte, was Jorgo Aidero selbst erreichen hatte wollen …?

ALTOCANTO, PIETRO – Zu diesem einst so erfolgreichen *lobbista* ist die Geschichte ja beinahe noch ungerechter als zu seinem *amico* Carlo-Enrico Grassa. Wer würde angesichts von unübersichtlichen 25 Millionen Euro Beratungshonorar von der *Telecom Siciliana* nicht bei ein paar *milioni* vergessen, seine Gegenleistung anzugeben. Aber deshalb muss doch nicht gleich die *giustizia* ermitteln, oder? Derzeit beschäftigt ihn vor allem die Frage, ob er nicht eigentlich Inhaber des Markennamens „Pizza Margherita“ ist.

COFLERIO, ERIBERTO – Mit Carlo-Enrico Grassas Abgang aus der Politik ist auch die wissenschaftliche Reputation seines Fast-Doktorvaters etwas gesunken. Dass er den Nobelpreis für *economia* verdient hätte, ist kein Geheimnis. Zumindest für ihn selbst. Immerhin heißt es in seinem Eintrag auf *wikipedia.si* stolz: „Er konnte nur durch Intervention eines Ministers an der Universität Agrigento gehalten werden." Wer das wohl geschrieben hat? Der damalige Minister vielleicht?

COLOINI, FRANCESCO, genannt „Francobello". – Entstammt einer renommierten *pasticceria* in Villaccho und ist nach eigenen Angaben Urenkel des Großherzogs von Lignano (das aber nie einen Großherzog besaß). 1999 als Nachfolger von Geraldo „Gerri" Miccha Privatsekretär und Geldbriefträger von Jorgo Aidero sowie Obmann des AC Agrigento Calcio geworden, verlor er nach dessen Tod seinen Aktenkoffer und damit auch gleich die Lust an allem. Serviert derzeit wieder daheim Crème caramèl und Tiramisú.

CONTE, BURCARDO – Neben seinen Stammgeschäften als Wahlonkel, Leihwagen-Besitzer (u. a. für Carlo-Enrico Grassas Mitarbeiterinnen) sowie multipler Aufsichtsrat ließ er gemeinsam mit Carlo-Enrico Grassa auf dem

Stiftungsfeld unzählige Blumen blühen, u. a. die *Goldwater* (Liechtenstein), die eine Tochter namens *Arabesque* (Virgin Islands) hat, die eine Tochter namens *Cretain* (Zypern) hat, die eine Tochter namens *CGS* (Schweiz) hat, die ... Hier endet seine Geschichte. Vorerst.

FLOTTOLINO, VOLFGANGO – Er machte als Erster Dinge wie *SWAP*, *OTC* und *VCG* in Sizilien bekannt, weil es ihm mit deren Hilfe gelang, die *Banca per Economia e Lavoro* in den ansonsten so sonnigen Gewässern der Karibik ins Trudeln zu bringen. Und die Sizilianische Gewerkschaft gleich mit. Hat demzufolge seine Privatflugzeuge gegen Busfahrscheine von Palermo eingetauscht.

KRASSER, HEINZ-KARL (oder so ähnlich) – Die Spur des ehemals glamourösesten aller österreichischen Finanzminister hat sich völlig verloren. Gerüchteweise holte er im zweiten Bildungsweg die Sozialakademie nach, um sich die nötige Herzensbildung für seinen geheimen Traumberuf zu erarbeiten: Schuldnerberater für Obdachlose. Er könnte aber auch Biobauer sein. Oder bei Vollmond handgeschöpfte Haarwuchsmittel auf Alternativ-Märkten verkaufen. Oder sich seine Memoiren schreiben lassen.

MAISMONTAGNOLO, VALTER, genannt „Maisi“ – Gilt nach Tätigkeiten für Jorgo Aidero und die PDL als aufrechter Kämpfer gegen das Steuersystem. Größte Erfolge: Sizilianischer Meister im Geldvergessen (420 Millionen Lire, 1994) und Weltrekordhalter im Langzeitversteuerungsnachdenken (190.000 Euro, 1999–2010). Beschäftigt sich dem Vernehmen nach derzeit vor allem mit existienziellen Fragen. Vor allem mit der Frage, ob Voraus-Denken nicht besser gewesen wäre als Nach-Denken.

MENOVILLAGGIO-BOUILLON, ALFONSO – Der Herr von *castello* Lusino in Südostsizilien wurde in den letzten Jahren vom Schicksal arg gebeutelt: Zuerst starb sein langjähriger Geschäftspartner und Wahl-Cousin noch vor Klärung einer rätselhaften Provisionszahlung an armenische, turkmenische und tschetschenische Politiker, dann wurde er auf dem Weg zum Flughafen von den *carabinieri* verhaftet und beschuldigt, 14 unsaubere Millionen für die Vermittlung von „Eurodiver“-U-Booten kassiert zu haben, und schließlich verlor auch noch seine Ehefrau, die *ministra* Marina Fumo-Calafati, Amt und sitzt jetzt nur mehr zu Hause herum.

MICCHA, GERALDO, genannt „Gerri“ – Lernte Jorgo Aidero Anfang der 1990er Jahre auf dem Tennisplatz kennen und war ab 1993 als Nachfolger Carlo-Enrico Grassas dessen Privatsekretär. Er verlor aber an Einfluss, nachdem bald darauf Francesco „Francobello“ Coloini seine Positionen einnahm. Nach mehreren geschäftlichen Flops wurde ihm vorgeworfen, PDL-Geld veruntreut zu haben. Dagegen protestierte er durch eine Absetzbewegung nach Uruguay, von wo er ausrichten ließ: „*Non voglio dire. Moneta fucicato!*“

MIOLI, GIULIO, genannt „Giulio V.“ – Wurde 2009 von vielen braven, arbeitsamen, kleinen Sizilianerinnen und Sizilianern aus der brutalen Untersuchungshaft befreit, indem sie ihm 100 Millionen Euro Kaution vorfinanzierten. Dass sie dies in Form von Beteiligungen an seinen vielfältigen Geschäften taten und dabei auf einen Großteil ihres Geldes verzichteten, macht die Sache noch menschlicher. Giulio Mioli soll sich derzeit vor allem damit befassen, die Haartracht seines Freundes Carlo-Enrico Grassa nachzuahmen. Dies aber erstens relativ erfolglos und zweitens sehr zurückgezogen auf irgendwelchen ganz kleinen Inseln.

OVESTOVALLE, PIETRO – Machte sich Anfang der 1990er Jahre als Privatsekretär Jorgo

Aideros schnell einen Namen. Nachdem er diesen Posten zugunsten von Carlo-Enrico Grassa räumen musste, fokussierte er sein persönliches Profil in Richtung auf „Araber raus!“-Politik. Und danach auf das Anrempeln von Polizisten. Allerdings mithilfe der Stoßstange. Und danach auf mehr oder weniger richtige Zeugenaussagen. Wechselte von der *Partito della Libertà* zum FFS, dem *Fascio Futuro Sicilia*. Ärgert sich darüber.

PLECCHO ERNESTO-CARLO – Der Immobilienspezialist konnte sein Fachwissen in Sachen Vermittlung von Untermietzimmern gut gebrauchen, als er sich in der Regierungszeit Carlo-Enrico Grassas auf Hochhäuser, Bürotürme und Stadtpalais konzentrierte. Seither sind es wieder vermehrt Untermietzimmer. Der Unterschied zwischen vorher und nachher: die Höhe der *provisioni*. So ist das Leben.

RISI-PISI, SUSANNA – Ihren Spitznamen *cobra reale* erarbeitete sie sich hart, indem sie sich von Jorgo Aidero jeden Biss anordnen ließ. Die von ihr als stellvertretende *prima ministra* angekündigten Nobelpreise sind bis heute nicht bei den Sizilianischen Wissenschaftlerinnen und Wissenschaftlern eingelangt. Das von ihr als *ministra dello sport* angepeilte Sizilianische Fußballwunder ist ebenfalls ausgeblieben. Vielleicht kommt beides im nächsten Jahrtausend. Enttäuscht widmet sie sich jetzt vor allem dem privaten Wohnbau.

RONPOLDI, ERICA UND GERNOTO – Gemeinsam waren der Ex-Aidero-Sekretär und seine Frau derart tolle *esperti* in Sachen *pubbliche relazioni*, dass ihre Mitarbeit der Firma ASED – Aquanautic & Submarine European Defence – 6, 6 Millionen Euro wert war, als sie der Sizilianischen Regierung ihre „Eurodiver"-U-Boote verkaufen wollte. Vor einem parlamentarischen Untersuchungsausschuss schwiegen sie über den Verbleib des Geldes. Ein Gericht befand das alles halt für ziemlich teuer, sonst nichts. Das Gericht war in Sizilien. Heute gehen die beiden getrennte Wege. Sie verkauft Kleider. Von ihm weiß man es nicht genau.

SCODELLA, VOLFGANGO – Der ehemalige *primo ministro* zog sich 5 Jahre nach seiner Wahlniederlage sofort aus dem Politik zurück und erklärte, er lasse sich nicht dafür verantwortlich machen, was ein Minister nach seiner Amtszeit geschäftlich, kulturell oder privat mache. Ob er damit die Schauspiel-Auftritte seines ehemaligen Kunst-Staatssekretärs meinte, bleibt offen. Jobbt als Experte für Atomenergie und zeichnet an einem Kinderbuch mit dem Arbeitstitel „Drachen machen blöde Sachen“.

STALLONE, EVALDO – Wurde als Verbindungsmann zur katholischen Kirche in die PDL-Zentrale geholt und galt dort in seiner besten Zeit als *cane di Aidero*. Hat sechs Kinder namens Jupiter, Saturn, Venus, Mars, Uranus und Pluto, weshalb er auch demütigenderweise um 15.000,– Euro monatlich im *Parlamento Europeo* in Brüssel sitzen muss, obwohl er Europa-Abgeordnete ja eigentlich für Verräter an der sizilianischen Sache hält.

STRASSA, ERNESTO – Ein Motiv durchzieht dieses sizilianische Leben: Der Versuch, ein zweiter Carlo-Enrico Grassa zu sein, allein: Als Politiker war er zu wenig elegant („Mähdrescher im Innenministerium“, *Il Substandardo*), als Stil-Ikone zu wenig gut frisiert („Vokuhila als Markenzeichen – Igitt!“, *Paparazzi*-Magazin) und als Geschäftsmann zu wenig verschwiegen („My clients pay me 100.000!“, *Sunday Times*). Derzeitiger Karriere-Stand: Grassa-Imitator in thailändischen Nachtlokalen.

STRONOV, FRANCO – Der sizilio-russische Selfmade-Billionär zog sich 2010 von der Spitze seines Fleisch & Wurst-Konzerns „Maksima“ zurück, nicht ohne beim Verkauf seiner Aktienmehrheit noch reicher als nur reich zu werden. Einen Teil des dabei gemachten Vermögens will er dem Vernehmen nach in die Entwicklung von Autos investieren, die mit Pferdeleberkäse betrieben werden, den anderen Teil in die politische Karriere seiner Tochter Milena, die bereits mehrfach erfolglos als Präsidentin der autonomen Kaukasus-Republik Kabardino-Balkarien kandidierte.

Pubblicazioni

Neben Internet-Recherchen, namentlich auf den Seiten *www.googlio.si*, *www.sizipedia.si* sowie über die Webseite des Sizilianischen Rundfunks *www.srf.si* lieferten fantastische Anregungen und wichtige Denkanstöße für dieses Buch auch:

Anche amico di Grassa presto davanti a tribunale, in: *Sicilia*, 20. 10. 2010.

Avvoltoio Eriberto: *Il più gioveno eterno,* in: *Giornale Economico,* 30. 12. 2000.

Bukowski Flora: „*Naturalmente ho fatto errori!*“, Interview in: *Occiate*, 5. 3. 2011.

Contadino Gernoto: *Come una banda di secretari della PDL ha fatto la politica negozia,* in: *Profile*, 12. 10. 2010.

Cyclini Giuseppe: *Progetto Klimt*, in: *Profile*, 29. 3. 2010.

Dipartimento di Giustizia respinge le critiche di Grassa, in: *Nouvo Corona Giornale*, 6. 2. 2011.

Feltropiugrande Pietro: *I logici di casa Grassa*, in: *Notize di Castellammare*, 31. 1. 2011.

Flora e Grassa: Vacanze di Scandale, in: *Sicilia*, 20. 8. 2010

Fossano Claudia: *Grassa e il suo scherzo sano*, in: *Nuovo Giornale di Provincia Agrigento*, 31. 10. 2009

Grassa Carlo-Enrico: *Adesso mi suffice*, in: *Sicilia*, 27. 1. 2011
ders.: *Lettera a Bandione*, auszugsweise in: *Sicilia*, 27. 1. 2011.
Grassa-autodenuncia – „Da 98 percenti" un conto canadese, in: *Giornale di Provincia di Trapani*, 9. 2. 2011
Grassa – autodenuncia anche interessato Ipo – e Mioli-conti, in: *srf.si*, 10. 2. 2011
Grassa nuovo conto in Svizzera, in: *Giornale di Palermo onlino*, 10. 2. 2011.
Grassa-Tesi di laurea controllato per plagio, in: *Notize di Basso Sicilia*, 4. 3. 2011.

Heilcarboncari Cenvienna: *Il primo confessione di Grassa*, in: *Formato*, 28. 1. 2011.
Horscherzo Curto: *Il sistema di Grassa*, in: *Notize di Favignana*, 21. 7. 2009.

Investori nella lista, in: *SRF onlino*, 15. 1. 2010

Milliona per incentivazione ha rammendato buco di finanze: rimprovere contro Grassa, Piccolo Giornale, 14. 2. 2011
Millioni commercio di Grassa, in: *Formato onlino*, 26. 3. 2010

Nicobacchi Michele, Giuseppe Ceclo, Ulla Ferraia, Martino Arbustino: *Governato, oliato, incassato,* in: *Profile* 14. 3. 2011.
Nuovo conto di Grassa trovato, Notize di Alto Sicilia, 7. 4. 2011.

Popoli Michele: *Capo di giorno – Il Franco bello è venito nella fuorigioco*, in: *Il Standardo*, 4. 8. 2010.
dies.: *Redditività*, in: *Profile* 21. 3. 2011

Salesciendi Floriano: *Briciole con la finanza*, in: *Lepidòttero*, 3/2011.
ders.: *Grassa: L'innocenza braccata è il cavallo alto*, in: *Lepidòttero*, 5/2011.
ders.: *O incassato, no?* in: *Lepidòttero*, 51–52/2010.
Silenciata Rosamaria: *Grassa, la presunzione di innocenza vivente*, in: La Pressa, 15. 7. 2010.
„Sono supernudo" – Dei protocolli intercetari: „Dove era la mia effetuazione?" in: *Corriere*, 22. 12. 2010.
Stroblia Carina: *Polco di timpano – Tribunale disporre prova conti di Grassa* in: *Oggi*, 14. 9. 2010.

Vendita di immobilie: Una fossa d'oro per gli amici di Grassa, in: *Formato onlino*, 18. 9. 2009.
Verifica finanziaria Grasser Attico di credito: Exministro nega la frode, in: *Novità*, 26. 1. 2011.

Vernicore Eriberto: *Signore Caldo e La Gang*, in: *Profile* 40/2009.
ders.: *Jorgo Pescecanelli – Il mito e sui cocchi*, in: *Profile*, 27. 6. 2010.

Autoren und Übersetzer / *autori e traduttori*

IO STECCÒLI, Jahrgang 1954, betrieb zunächst eine kleine Pizzeria im Strandbad von Medeligo bei Palermo, absolvierte danach die *accademia sociale*, wurde aber doch lieber gleich *cabarettista* und tritt als solcher seit 1981 in ganz Sizilien sowie im benachbarten Italien auf, wofür ihm u.a. der Kabarettpreis *Toro di Salecastello* verliehen wurde.

GIOVANNI UCCELLATORE, Jahrgang 1955, aufgewachsen in Campanizzo, beobachtet die sizilianische Politik seit seiner Zeit als Funktionär in der Jugendbewegung der *Partito Socialista* und unterrichtet nach dem Studium der italienischen Literatur derzeit ausländische *studiosi* in Palermo. Seit 1981 *co-autore* der bisher 14 Programme des *cabarettista* Io Steccòli.

I STANGL, Jahrgang 1954, war u. a. Leiter des Kabaretts Niedermair in Wien und wirkte in zahlreichen österreichischen Film-, TV- und Theaterproduktionen als Schauspieler und Regisseur mit. Seit 1981 tritt er mit den übersetzten Kabarettprogrammen seines sizilianischen Kollegen Io Steccòli in Österreich und

Deutschland auf. Gemeinsam mit Hannes Vogler veröffentlichte er „Endlich Strache. Eine Reportage aus der Zukunft“ (2009) sowie die Komödie „Single mit 4 Frauen“ (2010).

HANNES VOGLER, Jahrgang 1955, studierte Germanistik und Geografie, ist Lehrbeauftragter an einem Wiener Universitätslehrgang und war Kolumnist mehrerer Zeitschriften. Als Autor und Herausgeber veröffentlichte er seit 1980 bisher rund zehn Bücher. Gemeinsam mit I Stangl übersetzte er die bisher 24 Kabarettprogramme der Sizilianer Io Steccòli und Giovanni Uccelatore ins Deutsche und arbeitet seit 2002 als Ko-Autor mit dem Kabarettisten Mike Supancic zusammen.

Danke an / *grazie a*

Die Übersetzer Hannes Vogler und I Stangl sagen herzlichen Dank für die Hilfe bei diesem Buch an Maria Windhager und Thomas Strasser, an Helmuth Fellner, Claus Pàndi, Gert Strauß, Gerald Bichinger und Peter Fischer sowie Franziska und Friederike Vogler-Kremsmayer.

Gli autori Giovanni Uccellatore e Io Steccòli dire grazie per l'aiuto di questo libro a Maria Ventostrego e Tommaso Viali, a Elmuto Pellicciano, Clauso Pandori, Gerto Struzzo, Geraldo Biccingone e Pietro Pescatore e a Francesca e Federica Uccellatore-Ennamaggiore.

Bildhinweise

Alle Fotos:	privat
außer	
Seite 134	www.pixelio.de
Seite 142	www.eu2006.at
Seite 148	Calendario dei Giovani Agricoltori Siciliani, sowie
Seite 174	Seifert/Reinhold Wipfel

„Ich bin irgendwie sprachlos bei den Dingen, die du mir sagst. Dass das Land so korrupt ist und so beschissen funktioniert und so politisch gelenkt ist, macht mich wirklich sprachlos."

Der österreichische Ex-Finanzminister Karl-Heinz Grasser am Telefon zu Walter Meischberger nach dem Angebot eines Staatspolizisten, Informationen zu verkaufen.
(Quelle: http://news.orf.at)